高等院校医学实验教学系列教材

SPSS 简明操作教程

主　编　郭怀兰　陈　晋
副主编　张　垚　张　苗
编　者（按姓名笔画排序）
邬闻文（湖北医药学院）
刘　颖（湖北医药学院）
刘长俊（湖北医药学院）
李飞峰（湖北医药学院）
张　苗（湖北医药学院）
张　垚（湖北医药学院）
陈　晋（湖北医药学院）
郑　弘（湖北医药学院）
赵　军（湖北医药学院）
郭怀兰（湖北医药学院）
章　进（湖北医药学院）
逯　雨（湖北医药学院）
傅　晔（湖北医药学院）

科学出版社
北　京

内 容 简 介

本书包括八章，主要内容涉及常用统计分析方法的SPSS操作方法，包括SPSS统计软件简介、数据文件的建立、数值变量资料的统计分析和分类变量资料的统计分析、非参数检验、线性相关与回归分析、Logistic回归分析、常用统计图及其绘制。本书通过典型案例分析，创设问题，逐步引导初学者学习如何用SPSS软件做统计分析，充分调动学习者的主动性和积极性，培养学生独立分析问题和解决问题的能力。

本书适用于本科生、专科生等具备基本统计学知识的初学者，可以用作医学院校统计学教学的配套教材，也可以作为自学SPSS软件的入门书。

图书在版编目（CIP）数据

SPSS简明操作教程 / 郭怀兰，陈晋主编. —北京：科学出版社，2021.8

高等院校医学实验教学系列教材

ISBN 978-7-03-069034-0

Ⅰ. ①S… Ⅱ. ①郭… ②陈… Ⅲ. ①统计分析–软件包–教材 Ⅳ. ①C819

中国版本图书馆CIP数据核字（2021）第104205号

责任编辑：张天佐 / 责任校对：王晓茜

责任印制：吴兆东 / 封面设计：陈 敬

科学出版社 出版

北京东黄城根北街16号

邮政编码：100717

http://www sciencep com

固安县铭成印刷有限公司印刷

科学出版社发行 各地新华书店经销

*

2021年 8月第 一 版 开本：787×1092 1/16

2025年 1月第三次印刷 印张：7 1/2

字数：179 000

定价：32.00元

（如有印装质量问题，我社负责调换）

前　言

医学统计学是医学生的必修课，是医生和医学科研工作者必备的理论知识，SPSS 是应用统计学理论知识解决实际问题的常用统计软件之一。

在医学统计学教学中，本科生、研究生学习了医学统计学理论知识后，如果没有实践训练，其解决实际统计分析问题的能力就得不到提高。SPSS 软件是专业统计软件，医学生在学习完统计学理论知识后，学习 SPSS 软件可以提高解决具体统计学问题的能力。要在很短的时间内掌握 SPSS 软件，对他们来说是一个很大的挑战。借助于工具书可以使新手更快入门。为了帮助初学者快速入门、学习 SPSS 软件，我们编写了本书。

本书有以下 4 个特点：①通俗易懂，操作简单，只介绍最基本的功能，不常用的选项没有介绍；②使用常见的统计设计案例，介绍 SPSS 软件的基本功能；③通过案例的问题设置、点评，可以复习相关的医学统计学理论知识；④实用性较强。通过本书的学习，可以用 SPSS 软件进行基本的医学统计分析。

本书的主要内容涉及常用统计分析方法的 SPSS 软件操作方法，包括 SPSS 统计软件简介、数据文件的建立、数值变量资料的统计分析（包括 t 检验、方差分析）和分类变量资料的统计分析、非参数检验、线性相关与回归分析、Logistic 回归分析、常用统计图及其绘制。

每个统计知识点从案例、问题、具体操作和结果及解释四个方面编写。

SPSS 22.0 是多国语言版本，本书以 SPSS 22.0 为蓝本，以医学领域的相关资料为案例，采用英文操作界面和英文统计量的结果输出，适用于掌握了基本的医学统计学理论知识的本科生、研究生和科研工作者。

本书由湖北医药学院具有多年医学统计学教学经验的教师精心编写，但是限于我们的学识，不足和疏漏之处在所难免，敬请读者和同行不吝指正，以便不断完善。

湖北医药学院　郭怀兰

2020 年 1 月

目　　录

第一章　SPSS 统计软件简介

在当今信息化时代的背景下，无论是个人，还是政府或企业都需要在海量的信息中获取有价值的信息，并据此做出科学的评估和决策。为此，对信息的采集、处理、分析并给出专业人士可接受的评估和预测报告等工作变得十分重要。SPSS 正是为此功能而设计的一整套集数据处理、评估和预测的解决方案。

SPSS 的原名全称是：Statistical Package for the Social Sciences，即社会科学统计程序。2000 年 SPSS 公司已正式将英文全称更改为 Statistical Product and Service Solutions，意为“统计产品与服务解决方案”，标志着 SPSS 的战略方向正在做出重大调整。

SPSS 由美国斯坦福大学的三位研究生于 20 世纪 60 年代末研制，同时成立了 SPSS 公司，并于 1975 年在芝加哥组建了 SPSS 总部。1984 年 SPSS 总部首先推出了世界上第一个统计分析软件微机版本 SPSS/PC+，开创了 SPSS 微机系列产品的开发方向，极大地扩充了它的应用范围，并使其能很快地应用于自然科学、技术科学、社会科学的各个领域，世界上许多有影响的报纸杂志纷纷就 SPSS 的自动统计绘图、数据的深入分析、使用方便、功能齐全等方面给予了高度的评价与称赞。迄今 SPSS 软件已有 50 余年的成长历史。全球约有 25 万家产品用户，它们分布于通信、医疗、银行、证券、保险、制造、商业、市场研究、科研教育等多个领域和行业，是世界上应用最广泛的专业统计软件之一。

SPSS 软件是公认的最优秀、应用最为广泛的统计分析软件包之一。20 世纪 80 年代，微软公司研发了 Windows 后，SPSS 迅速向 Windows 移植。至 90 年代，正式推出 SPSS for Windows 版本。与以往的 SPSS for DOS 版本相比，SPSS for Windows 显得更加直观易用。首先，它采用现今广为流行的电子表格形式，作为数据管理器，使用户变量命名、数据格式定义、数据输入与修改等过程一气呵成，免除了原 DOS 版本在文本方式下数据录入的诸多不便；其次，采用菜单方式选择统计分析命令，采用对话框方式选择子命令，简明快捷；最后，采用对象链接和嵌入技术，使计算结果可方便地被其他软件调用，进行数据共享，提高工作效率。近几年 SPSS 的发展尤为迅速，并以每年一个新版本的速度进行更新，尤其是 2006 年 9 月推出的 SPSS 15.0 for Windows 版本，在操作界面、数据管理、统计分析、图形处理以及可扩展的编程能力和中文操作的兼容等方面都有了很大的改进，令人耳目一新。

SPSS 的基本功能：包括数据管理、统计分析、图表分析、输出管理等。SPSS 统计分析过程包括描述性统计、均值比较、一般线性模型、相关分析、回归分析、对数线性模型、聚类分析、数据简化、生存分析、时间序列分析、多重响应等几大类，每类中又分好几个统计过程，比如回归分析中又分线性回归分析、曲线估计、Logistic 回归、Probit 回归、加权估计、两阶段最小二乘法、非线性回归等多个统计过程，而且每个过程中又允许用户选择不同的方法及参数。

SPSS 有专门的绘图系统，可以绘制各种图形。总结 SPSS 有以下特点：

（1）操作简单，交互式界面友好：SPSS 是世界上最早采用图形菜单驱动界面的统计软件，它最突出的特点就是操作界面极为友好。除了数据录入及部分命令程序等少数输入工作需要键盘键入外，大多数操作可通过“菜单”、“按钮”和“对话框”来完成。只要了解统计分析的原理，无须通晓统计方法的各种算法，即可得到需要的统计分析结果。

（2）功能强大：具有完整的数据输入、编辑、统计分析、报表、图形制作等功能。自带 11 种类型 136 个函数。SPSS 提供了通过从简单的统计描述到复杂的多因素统计分析方法，比如数据的探索性分析、统计描述、列联表分析、二维相关、秩相关、偏相关、方差分析、非参数检验、多元回归、生存分析、协方差分析、判别分析、因子分析、聚类分析、非线性回归、Logistic 回归等，来绘制各种图形。SPSS 可编程性扩展了外部编程语言的全部能力，用于 Python 编程语言、R 语言、Microsoft.NET 和 Java。

（3）方便的数据接口：能够读取及输出多种格式的文件，比如由 dBASE、FoxBASE、FoxPRO 产生的*.dbf 文件，文本编辑器软件生成的 ASCII数据文件，Excel 的*.xls 文件等均可转换成可供分析的 SPSS 数据文件；能够把 SPSS 的图形转换为 7 种图形文件；结果可保存为 txt 及 html 格式的文件。

（4）全新的导出技术：可以将统计结果图标直接导入到 Office 中的 PowerPoint 之中，特别增加了转换为 PDF 格式的插件，在输出菜单中选择。

（5）灵活的功能模块组合：SPSS for Windows 软件分为若干功能模块。用户可以根据自己的分析需要和计算机的实际配置情况灵活选择。

（6）分析结果清晰、直观、易用。

SPSS 统计分析工具具有理论严谨、内容丰富，数据管理、统计分析、趋势研究、制表绘图、文字处理等功能特点，几乎无所不包。

（郭怀兰　邬闻文）

第二章　数据文件的建立

数据文件的建立是指将科学研究过程中获得的各种信息，以数据的形式存入计算机的存储介质中，建立可随时存取、修改、统计分析的数据文件的全过程。

例 2-1　某医师进行了心肌梗死的病例对照研究，选择了 30 例病例和 30 名对照，调查了病例组和对照组的基线资料（表 2-1）。

问题 2-1

（1）如何将表 2-1 中的数据输入 SPSS？

（2）如已用其他软件建立了数据文件，如何用 SPSS 调用这些文件？

表 2-1　心肌梗死病例对照研究基线数据

分组	编号	姓名	年龄/岁	性别*	收缩压/mmHg	舒张压/mmHg	体重/kg	身高/cm	血糖/mmol/L	血脂/mmol/L	血型
0	1	张×花	50	2	110	80	50	160	6.0	6.4	A
0	2	郑×成	49	1	180	100	75	170	4.8	5.8	B
0	3	郭×宝	50	1	100	70	68	165	4.1	7.1	A
0	4	柳×志	54	2	120	80	69	168	4.3	4.9	B
0	5	张×梅	53	2	110	75	65	160	6.5	5.0	A
0	6	章×启	61	1	110	70	60	168	3.7	4.3	B
0	7	黄×宝	65	1	120	80	64	164	4.5	4.4	A
0	8	宋×昌	65	1	135	75	72	162	4.8	3.8	B
0	9	李×生	68	1	145	100	65	158	3.3	3.8	B
0	10	张×顺	73	1	160	95	80	170	4.9	3.5	B
0	11	刘×伦	72	1	154	78	59	156	4.1	6.1	A
0	12	闻×伟	50	2	120	79	18	155	5.2	4.7	A
0	13	谭×泉	54	1	141	92	60	169	4.0	4.9	A
0	14	李×林	53	1	110	75	80	170	6.0	3.5	A
0	15	刘×华	57	1	151	95	81	170	5.9	4.1	B
0	16	何×生	52	1	110	85	72	164	4.4	4.1	B
0	17	马×民	57	1	120	84	75	168	4.7	4.4	B
0	18	翁×才	63	1	164	86	68	169	4.9	4.3	A
0	19	邹×园	64	2	142	91	65	159	3.3	4.7	B
0	20	杨×明	61	1	181	95	70	178	5.6	4.3	A
0	21	陶×芳	50	2	118	85	57	160	4.4	5.0	AB
0	22	邓×青	71	1	111	71	59	164	4.9	5.5	A
0	23	聂×才	62	1	151	93	74	165	4.5	8.5	A
0	24	张×发	58	1	111	71	57	167	3.9	5.5	O

续表

分组	编号	姓名	年龄/岁	性别*	收缩压 /mmHg	舒张压 /mmHg	体重 /kg	身高 /cm	血糖 /mmol/L	血脂 /mmol/L	血型
0	25	段×丽	55	2	119	60	63	155	5.1	6.5	O
0	26	颜×栋	62	1	157	99	64	169	4.9	7.5	O
0	27	朱×华	58	1	99	70	53	169	4.3	5.5	O
0	28	谢×宝	59	1	129	85	53	157	4.2	6.5	O
0	29	王×玲	61	2	151	91	58	152	6.8	5.5	O
0	30	王×军	68	1	179	121	74	171	5.6	6.5	O
1	31	徐×玉	51	2	169	99	68	165	5.5	5.5	A
1	32	钟×琴	55	2	150	64	64	150	2.7	8.5	A
1	33	马×果	55	1	119	85	73	172	7.7	4.5	AB
1	34	夏×杰	60	1	108	65	62	168	7.8	6.5	A
1	35	徐×华	62	1	128	78	51	164	6.6	5.5	A
1	36	张×信	62	1	138	98	71	170	6.8	5.5	A
1	37	胡×芳	63	1	128	81	59	167	6.1	6.5	A
1	38	保×安	64	1	108	79	55	169	7.2	5.5	A
1	39	刘×兴	66	1	158	81	49	160	6.8	5.5	B
1	40	胡×桥	68	1	91	71	69	171	4.5	4.5	B
1	41	王×平	68	1	149	94	78	161	6.1	4.5	B
1	42	张×武	69	1	158	99	70	170	6.5	6.5	B
1	43	刘×金	69	1	138	89	74	173	5.7	4.5	B
1	44	邓×国	40	1	108	62	78	174	5.9	3.5	B
1	45	李×明	46	1	148	98	62	176	6.4	4.9	B
1	46	王×红	64	1	139	89	67	172	6.6	3.8	AB
1	47	张×桃	70	2	159	98	77	162	7.5	5.9	A
1	48	李×妮	51	2	141	89	59	156	5.9	4.6	A
1	49	刘×华	60	2	108	67	71	161	6.4	7.8	A
1	50	林×梅	70	2	162	79	62	150	4.5	4.6	A
1	51	黄×林	58	1	91	62	71	168	7.8	4.9	O
1	52	王×金	66	1	121	74	73	175	7.3	4.3	O
1	53	王×星	57	2	104	69	57	158	9.9	8.1	O
1	54	林×桥	49	1	108	71	76	167	6.3	7.1	O
1	55	胡×学	56	1	141	89	61	182	4.5	7.2	O
1	56	涂×品	62	1	131	81	71	174	8.4	7.9	O
1	57	杨×秀	63	2	121	72	55	156	5.5	8.1	O
1	58	宋×武	67	1	91	62	76	165	6.4	4.5	O
1	59	胡×鹏	50	1	108	81	58	175	5.4	7.1	O
1	60	余×利	61	1	147	89	75	174	22.1	5.5	O

*备注：1 为男性，2 为女性。

第一节 在 SPSS 数据编辑窗口建立数据文件

一、SPSS 22.0 界面介绍

SPSS 所处理的数据文件有两种来源：一是 SPSS 环境下建立的数据文件；二是调用其他软件建立的数据文件。

当用户初次运行 SPSS 22.0 时，系统会自动弹出一个导航对话框，如图 2-1 所示，提示用户的下一步操作。操作方法：选择“Type in data”单选按钮，然后单击 OK 按钮；或者在该窗口中单击 Cancel 按钮即可进入 SPSS 数据编辑窗口，如图 2-2 所示。

图 2-1 SPSS 导航对话框

图 2-2 为一个典型的 Windows 视窗操作界面，由窗口名显示栏、窗口控制按钮、SPSS 主菜单、常用工具按钮、数据单元格信息显示栏及数据编辑显示区域等部分构成。

1. 窗口名显示栏 位于窗口顶部左上角，显示窗口名称和编辑的数据文件名，没有文件名时显示为“Untitled1[DataSet0]-IBM SPSS Statistics Data Editor-IBM SPSS Statistics Data Editor”。

2. 窗口控制按钮 在窗口顶部的右上角，第一个按钮是窗口最小化，第二个按钮是窗口最大化，第三个按钮是关闭窗口。

3. SPSS 主菜单 在标题栏的下方，窗口显示的第二行，由十二个菜单项组成，有：File（文件），Edit（编辑），View（视图），Data（数据），Transform（转换），Analyze（分析），Direct Marketing（直销），Graphs（图形），Utilities（实用程序），Add-ons（附加），Window（视窗），Help（帮助）等，详见表 2-2。

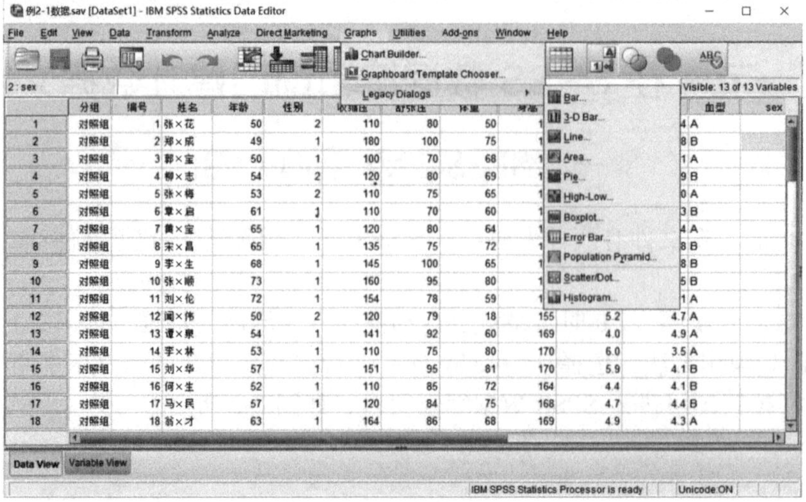

图 2-2　SPSS 操作界面

表 2-2　SPSS 主菜单组成及其功能

英文	中文	功能
File	文件操作	新建数据文件、文件的打开、保存、另存为、读取数据文件等
Edit	文本编辑	撤销/恢复、剪切、复制等
View	视图	状态栏、工具栏、表格线的显示或隐藏等
Data	数据文件建立和编辑	定义日期、插入变量、观测量等
Transform	数据转换	计算新变量、随机数种子设置、计数等
Analyze	统计分析	概括描述、自定义表格、均值比较等
Direct Marketing	直销	进行针对客户或联系人的高级分析
Graphs	统计图形的建立与编辑	统计图概览、交互作图方式等
Utilities	实用程序	变量列表、文件信息、定义与使用集合等
Add-ons	附加	程序应用、程序服务、可编程延迟等
Window	窗口	所有窗口最小化、激活窗口列表
Help	帮助	主题、教程、案例学习、SPSS 主页等

其中在 SPSS Data Editor 窗口中，Edit 菜单、Data 菜单和 Transform 菜单中的命令可对数据进行各种编辑。下面予以简单介绍。

（1）Edit 菜单中常用的命令有：Undo（撤销）、Redo（重做）、Cut（剪切）、Copy（复制）、Paste（粘贴）、Find（查找）等。

（2）Data 菜单中常用的命令如下：

Define Variable Properties：定义变量属性。

Copy Data Properties：复制变量属性。

Sort Cases：记录按观察值大小重新排序。可按多个变量排序（升序、降序均可）。

Merge Files：合并数据文件，又分合并观测对象和合并变量。合并观测对象就是在原数据文件基础上加入新的观测对象，原数据文件和新数据文件的结构最好一致；合并变量就是在原数据文件基础上加入新的变量，原数据文件和新数据文件最好有一个相同的识别变量，并且已按该识别变量排序。

Split File：分割数据文件，有时为了统计分析的需要，需按某分类变量值将数据文件分割，以便分类统计。如对性别中的男性和女性分别计算身高、体重等的均数和标准差等。

Select Cases：选中某些观测对象。分析时只对某些观测进行分析。如只对 18 岁的学生进行统计分析。

Weight Cases：赋予权重即变量加权，可以用来加权频数数据，主要用于输入列联表资料，位置和功能详见图 2-3。

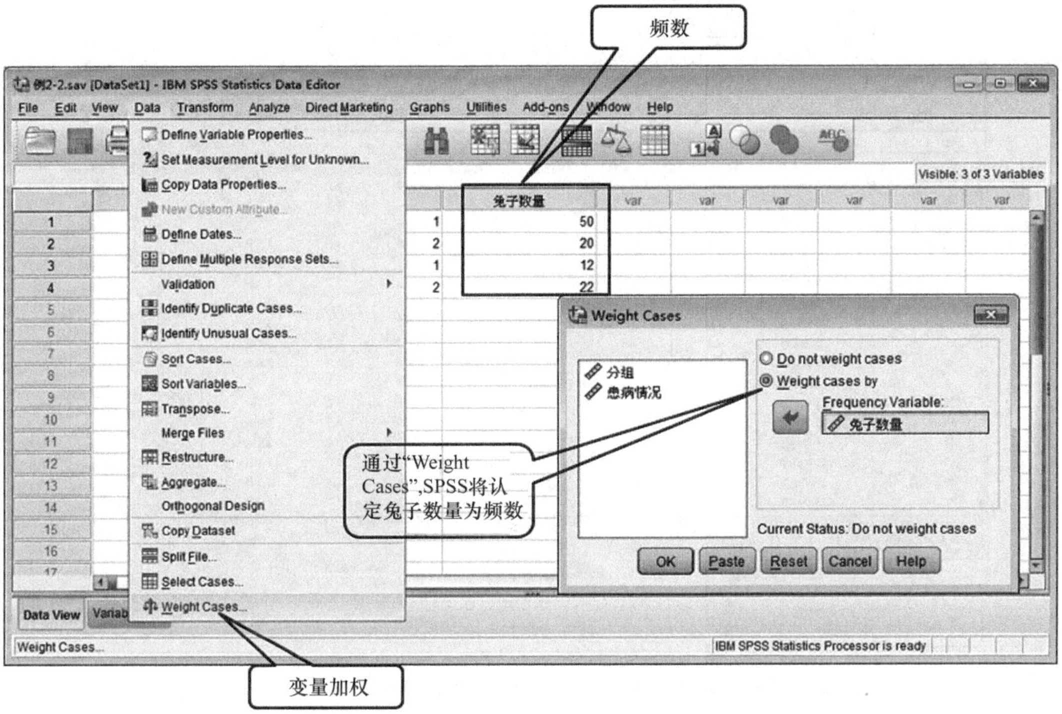

图 2-3　Data 菜单操作界面

（3）Transform 中常用命令如下：

Compute Variable：用该命令可在现有变量基础上产生新变量。进入 Compute Variable 对话框。在"Target variable"框中输入新产生的变量名，该栏下方为一按钮"Type&Label"，单击该按钮后可定义新变量的各种属性。"Numeric Expression"框中输入产生新变量的表达式。完成后再单击 OK 即产生新变量。

Random Number Generators：定义随机数种子，以便产生随机数。

Recode into Same Variable：重新编码为相同变量。

Recode into Different Variable：重新编码为不同变量。

Visual Binnin：可视化分段。

Rank Cases：按某变量值大小编秩次。

4. 常用工具按钮栏　在菜单栏的下方，窗口显示的第三行。常用工具的图标依次为：打开文件，保存文件，打印，重新调用最近使用的对话框，转到个案，转到变量，变量查找，插入个案，插入变量，拆分文件，个案加权，选择个案，显示值标签，使用变量集，显示全部变量拼写检查等（图 2-4）。

5. 数据单元格信息显示栏　在编辑显示区的上方，左边显示单元格和变量名（单元格：变量名），右边显示单元里的内容（图 2-4）。

6. 数据编辑显示区域　在常用工具栏的下方，依次显示单元格和变量名，右边显示单元格中的内容。其操作界面与 Excel 类似，每行对应一条记录，每列对应一个变量（图 2-4）。

7. 编辑区选择栏　在编辑显示区下方，Data View 为数据视图标签，在编辑显示区中显示编辑数据；Variable View 为变量视图标签，在编辑显示区中显示编辑数据变量信息。见图 2-4。

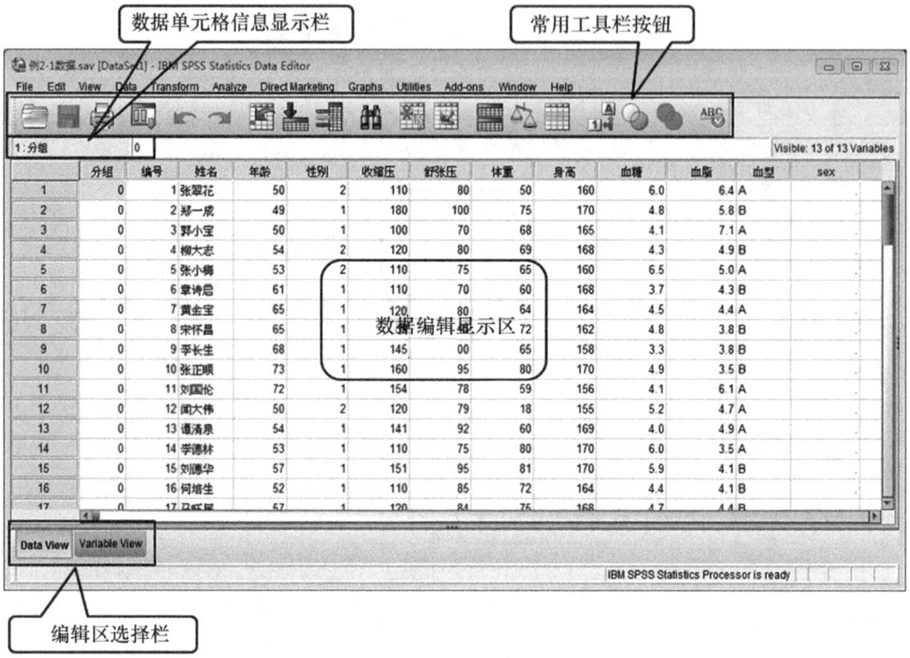

图 2-4　SPSS 常用工具栏、单元格信息显示和数据编辑显示区

二、定 义 变 量

建立数据文件的第一步就是定义变量，为了使 SPSS 系统能正确分析数据，在录入数据时要遵循如下原则：

1. 同一对象的观测数据必须在同一行。

2. 数据文件必须包含所有信息。

根据上述原则，表 2-1 中的数据应有 13 个变量：分组、编号、姓名、年龄、性别、收缩压、舒张压、体重、身高、血糖、血脂、血型、Sex。

变量确立之后，我们将在变量定义窗口对变量进行具体定义。在数据编辑窗口左下角激活变量定义窗口（Variable View）（图 2-5）。

在图 2-5 SPSS 变量定义窗口中，用户可定义变量的名称、类型、宽度、小数位和标签等信息。

1. 变量名（Name）　可输入字符（汉字和英文）作为变量名（但从系统兼容角度考虑，最好使用英文作为变量名）。如不输入名称，系统默认变量名为“VAR00001”“VAR00002”“VAR00003”……

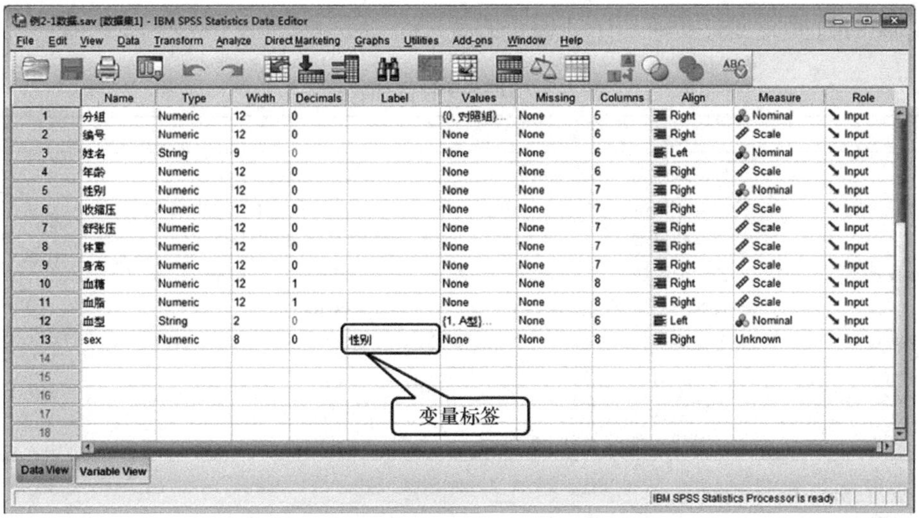

图 2-5　SPSS 变量定义窗口

定义变量名时应注意以下几点：

（1）SPSS 12.0 及以后的高级版本均支持 64 个字节的长变量名，之前的版本变量名不应超过 8 个字节；

（2）首字符须是字母或汉字，不能以下划线“_”或圆点“.”作为最后一个字符。

（3）变量名中不能含空格或某些特殊符号，如“！？*”等。

（4）变量名不能与 SPSS 的保留字相同，即不能用 ALL、AND、BY、EQ、GT、LE、NOT、OR、TO、WITH 等。

（5）SPSS 系统不区分变量名中的大小写字母，即系统会将 AGE 和 age 认为是同一变量。

2. 变量类型（Type）　当鼠标指针移至 Type 下的单元格，单击后该单元格的右边就会显示一个“……”按钮，单击该按钮就会显示数据类型设置窗口（图 2-6）。

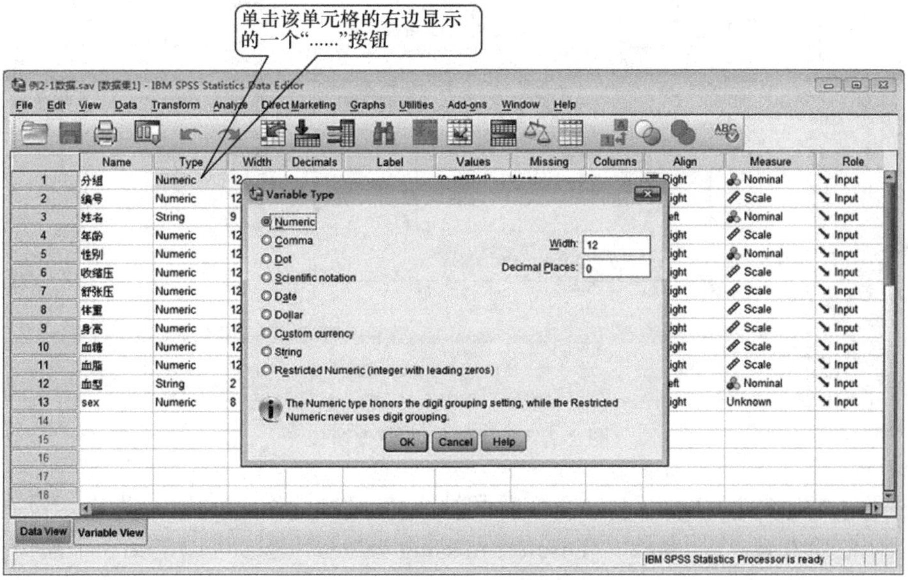

图 2-6　数据类型设置窗口

可供选择的数据类型有 9 种，详见表 2-3。

表 2-3　SPSS 9 种数据类型

英文	中文	举例
Numeric	标准数值型（系统默认）	123.45
Comma	逗号数值型	10，000.01 千分位用逗号
Dot	圆点数值型	12.345，67 千分位用圆点
Scientific notation	科学记数法	1.1E+05
Dat	日期型（27 种可选形式）	yyyy/mm/dd
Dollar	美元型	$123.45
Custom currency	自定义型	1.2345
String	字符型	性别：（男、女）
Restricted Numeric	受限数值型	00000123456

3. 变量宽度（Width）　指定数据字符占据的总个数（包括小数点和小数位），数值型变量一般按系统默认取值 8 位，不做改动。

4. 小数点（Decimals）　指定小数位数，系统默认为 2 位。

5. 变量标签（Label）　有时变量名不能全面反映变量含义，需要在此栏给以补充说明，就如贴上标签以便识别。如：“sex”给予变量标签为“性别”。

6. 变量值标签（Values Labels）　主要用来解释某些变量特别是分类变量的数值含义。如某一分类变量有两种取值：0 表示未患病，1 表示患病。此时，为了便于分析者识别这些数值，我们可以选择变量值标签。修改和删除变量值标签时分别单击 Change 和 Remove 按钮（图 2-7）。

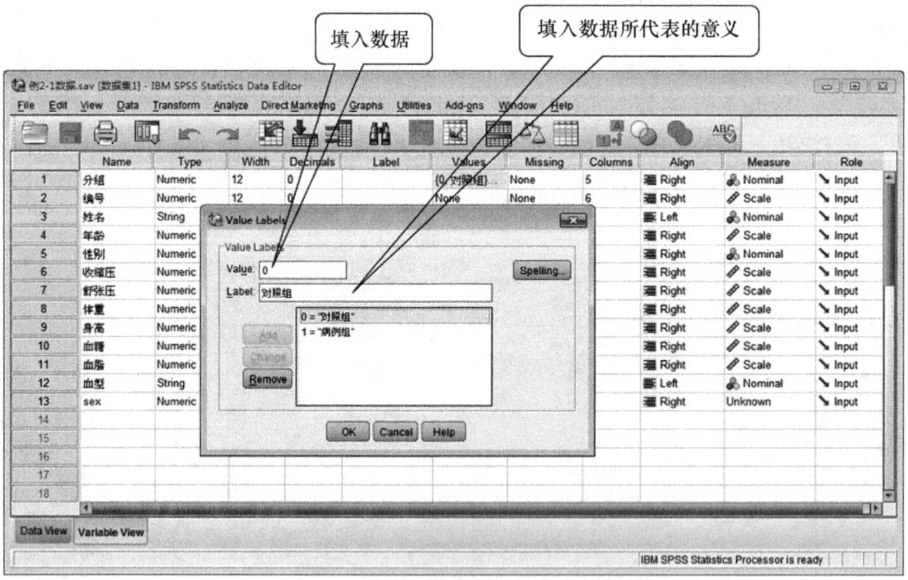

图 2-7　变量值标签设置窗口

7. 缺失值（Missing Values）　定义变量的缺失值。“No missing values”表示没有定义缺失值，系统默认值用圆点“.”表示。“Discrete missing values”最多可以定义 3 个缺失值。例如，第一格输入“0”，表示凡为 0 的数据是缺失值。“Range plus one optional discrete missing value ”

定义取值区间为缺失值。例如，Low：为 1，High：为 3，Discrete value：为 6，表示 1 至 3 之间的数据及数值 6 视为缺失值（图 2-8）。

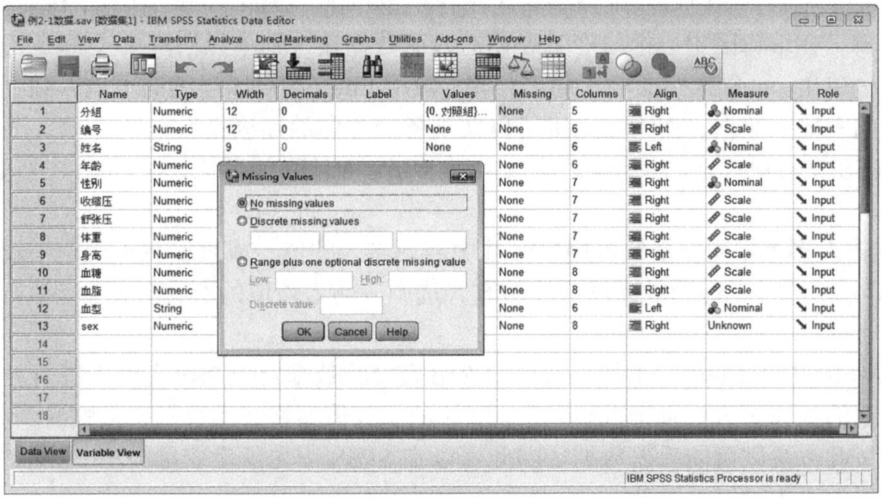

图 2-8　缺失值设置窗口

8. 数据的列宽（Columns）　显示数据的列宽，默认 8 个字符，可用数值定义，但用鼠标在列间拖动更为方便。

9. 对齐方式（Align）　有左、中、右 3 种数据对齐方式，默认为右对齐。

10. 度量类型（Measure）　按测量精度定义变量。分为定量变量（Scale）、等级变量（Ordinal）和定性变量（Nominal）。这种变量分类的方法有利于交互式作图。

照上述规则，我们可将例 2-1 中的变量详细定义，变量定义完毕的数据视图窗口（图 2-9）。

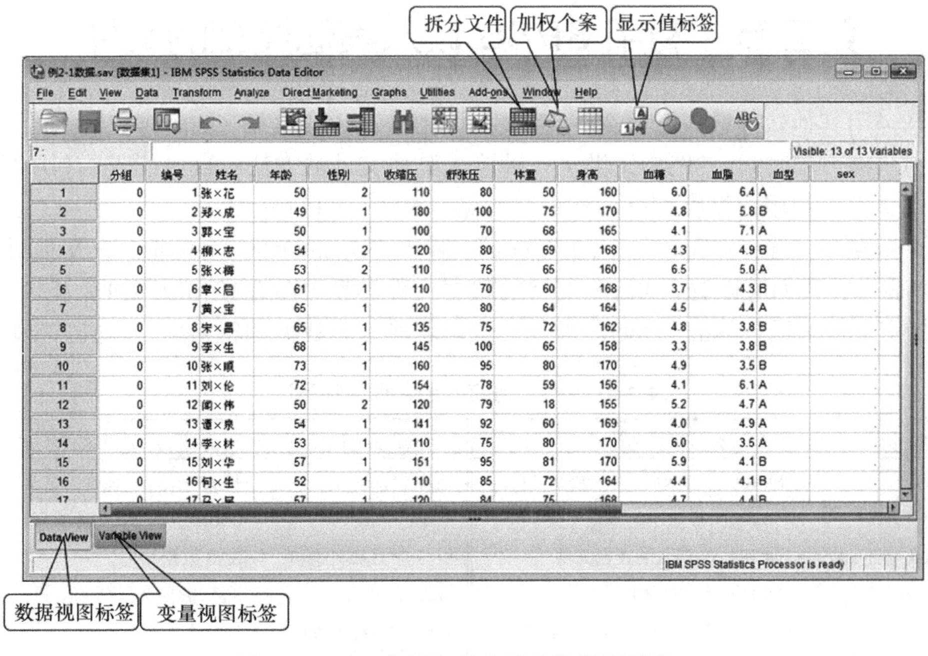

图 2-9　SPSS 变量定义完毕的数据视图窗口

三、数据的录入及修改

变量定义完成后，在窗口左下角编辑区选择栏里单击“Data View”按钮，编辑显示区即显示为数据编辑。在编辑区中，把与变量名相对应的数据输入到单元格里去（图 2-9）。

使用鼠标单击，可以选择要输入的单元格；使用 Enter 键可以连续向下输入数据；使用 Tab 键可以连续向右输入数据；使用方向键可以实现各个方向的连续输入。

由于 SPSS 支持鼠标拖放及复制、粘贴等命令，我们还可以利用这些特性进行数据的快速录入。例如：

1. 连续输入多个相同变量值可用鼠标选中需要输入的值，或直接在单元格中输入所需值，执行复制（Copy）命令，再用鼠标以拖放的方式选中应输入该值的所有单元格，执行粘贴命令，即可达到该目的。

2. 直接利用复制（Copy），选中 Excel 或 Word 表中的数据，在 SPSS 文件中进行粘贴（Paste），可以实现数据的快速录入。由于 SPSS 系统默认的是数值型格式的数据，粘贴时，如目标数据为文本型，按此方法则可能丢失数据。因此可以在 SPSS 中先预设变量类型，然后复制粘贴，则可避免数据的丢失。

3. 利用 Excel 中的相对引用功能，在 Excel 文件中处理好数据，然后复制粘贴到 SPSS 文件中。

上述方法在输入小批量数据时，十分方便；数据量巨大时，有人提倡用 SPSS 的程序输入或采用专业的数据库软件输入。但 SPSS 窗口输入数据仍可以基本满足多数临床及基础研究数据录入需要。

总之，SPSS 数据的录入、修改十分灵活，可结合自己的使用习惯选择适合自己，并且快捷准确的方法。

第二节　利用 SPSS 读入其他类型的文件

如果已经用其他软件输入好数据，也可利用 SPSS 读入该数据，从而避免数据的重复输入，以节省人力、物力和时间。SPSS 提供了三种读入其他文件的方法：直接读入；利用导入向导，导入纯文本文件；利用数据库查询。本书只对第一种方法进行介绍。

单击 File 菜单，选择“Open”下的“Data”，弹出“Open Data”对话框，在文件类型（Files of type）列表中，我们可以看到 SPSS 支持的数据文件类型（图 2-10 和表 2-4）。选中相应的文件类型，指定文件名后，单击“Open”按钮，数据就输入到数据编辑窗里，完成数据输入转换。

表 2-4　SPSS 可打开的数据文件类型

Files of type	数据文件类型	Files of type	数据文件类型
SPSS（*.sav）	SPSS for Windows 版本的数据文件	Sylk（*.slk）	扩展格式电子表格的 ASCⅡ格式
SPSS/PC+（*.sys）	SPSS for DOS 版本的数据文件	dBase（*.dbf）	dBase 数据库的数据文件
Systat（*.syd、*.sys）	*.syd 和*.sys 格式的数据文件	SAS（*.SAS7bdat）	SAS 数据文件
portable（*.por）	SPSS 便携式数据文件	Stata（*.dta）	Stata 数据文件
Excel（*.xls）	微软公司电子表格的数据文件	Text（*.txt、*.dat）	纯文本数据文件
Lotus（*.w*）	Lotus 电子表格的数据文件	All files（*.*）	其他数据文件

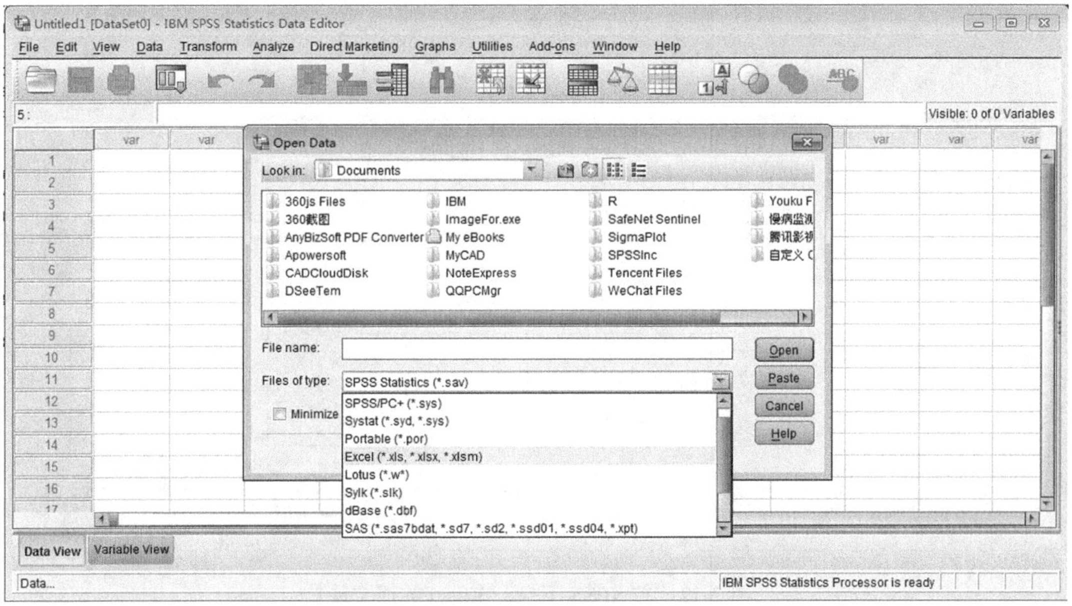

图 2-10　SPSS 打开数据文件窗口

总之，SPSS 提供了多种数据格式的输入，我们在学习完该方法后，可以举一反三地学习其他的输入方式。

下面以例 2-1 中的数据为例，演示读取*.xlsx 数据文件的过程。数据文件存于 D：\SPSS 书稿，名为：例子 2-1 数据.xlsx（图 2-11）。

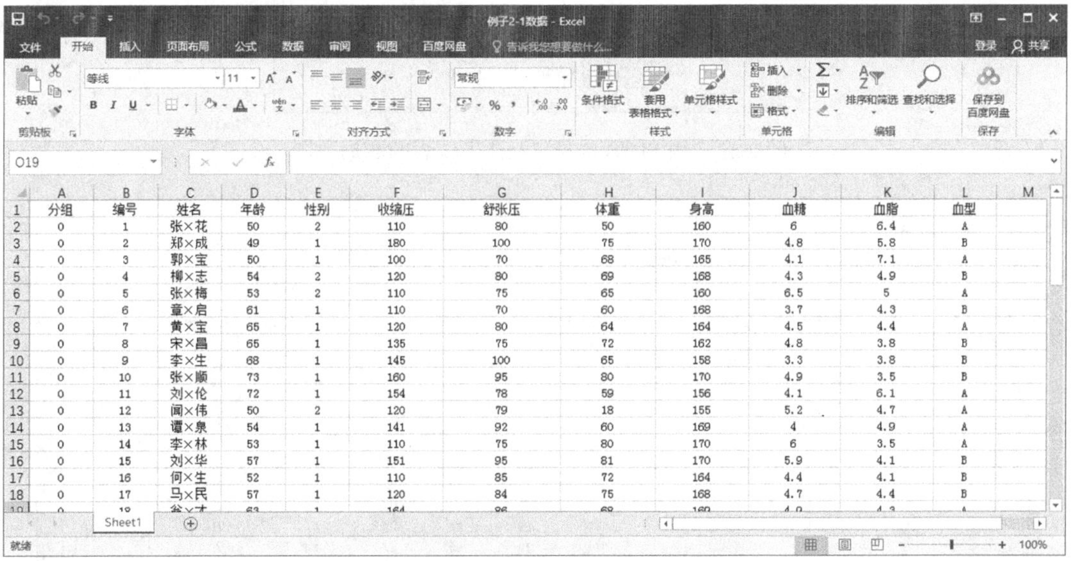

图 2-11　以 Excel 文件保存的数据文件

在 SPSS 窗口单击“Open”按钮打开文件，出现如图 2-12 所示的对话框，选择文件类型“*.xls，*.xlsx，*.xlsm”，再选择文件“例子 2-1 数据.xlsx”，单击“Open”按钮（图 2-12）。

选择 Excel 工作表的数据范围，一般以系统默认即可（图 2-13）。

文件读入后，系统自动以第一行数据作为 SPSS 数据文件的变量名（图 2-14）。

图 2-12　在 SPSS 下打开 Excel 数据文件

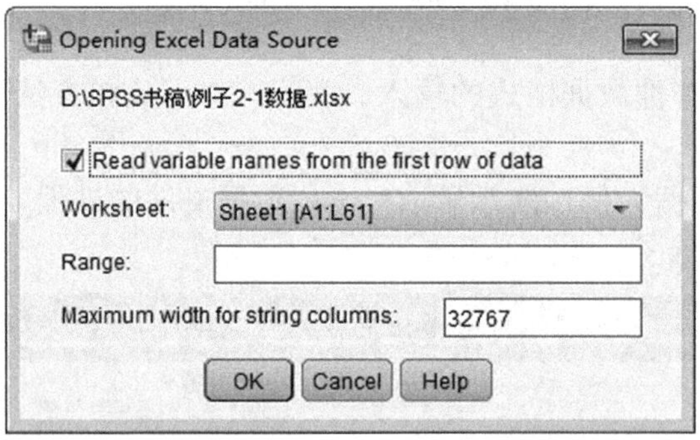

图 2-13　用 SPSS 选择 Excel 工作表的数据范围

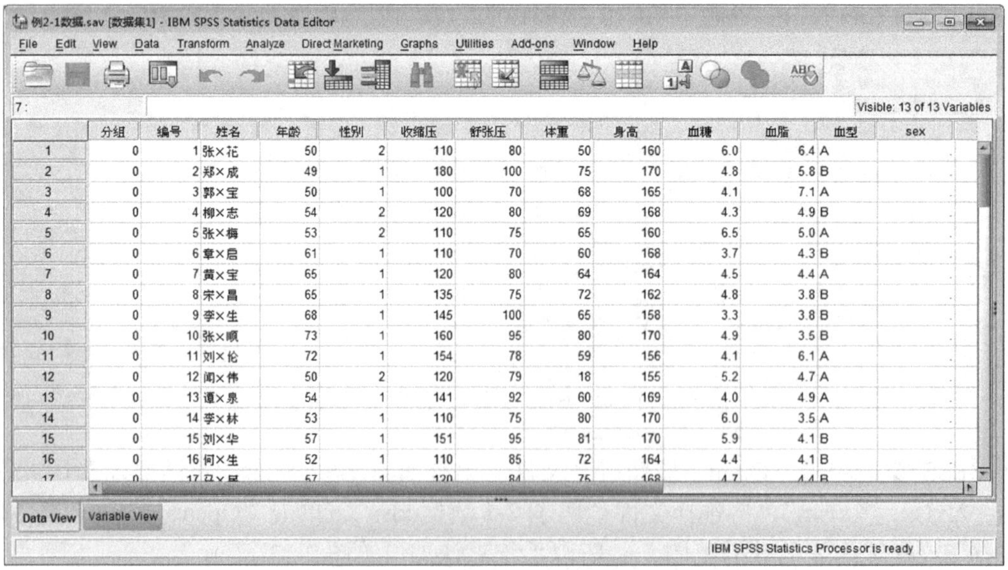

	分组	编号	姓名	年龄	性别	收缩压	舒张压	体重	身高	血糖	血脂	血型	sex
1	0	1	张×花	50	2	110	80	50	160	6.0	6.4	A	.
2	0	2	郑×成	49	1	180	100	75	170	4.8	5.8	B	.
3	0	3	郭×宝	50	1	100	70	68	165	4.1	7.1	A	.
4	0	4	柳×志	54	2	120	80	69	168	4.3	4.9	B	.
5	0	5	张×梅	53	2	110	75	65	160	6.5	5.0	A	.
6	0	6	章×启	61	1	110	70	60	168	3.7	4.3	B	.
7	0	7	黄×宝	65	1	120	80	64	164	4.5	4.4	A	.
8	0	8	宋×昌	65	1	135	75	72	162	4.8	3.8	B	.
9	0	9	李×生	68	1	145	100	65	158	3.3	3.8	B	.
10	0	10	张×顺	73	1	160	95	80	170	4.9	3.5	B	.
11	0	11	刘×伦	72	1	154	78	59	156	4.1	6.1	A	.
12	0	12	闻×伟	50	2	120	79	18	155	5.2	4.7	A	.
13	0	13	谭×泉	54	1	141	92	60	169	4.0	4.9	A	.
14	0	14	李×林	53	1	110	75	80	170	6.0	3.5	A	.
15	0	15	刘×华	57	1	151	95	81	170	5.9	4.1	B	.
16	0	16	何×生	52	1	110	85	72	164	4.4	4.1	B	.

图 2-14　SPSS 读入 Excel 数据文件

第三节　SPSS 数据和结果的保存及文件类型

保存文件，从菜单选择“File→Save”（或“Save As”）命令。在保存文件对话框里，指定保存路径，输入文件名，确定数据文件类型，最后单击“Save”按钮。

SPSS 可选择的数据存储格式有 Excel（*.xls）、dBASE（*.dbf）、ASCII（*.dat，*txt）等共 30 种，默认将结果文件保存为“*.sav”（图 2-15）。

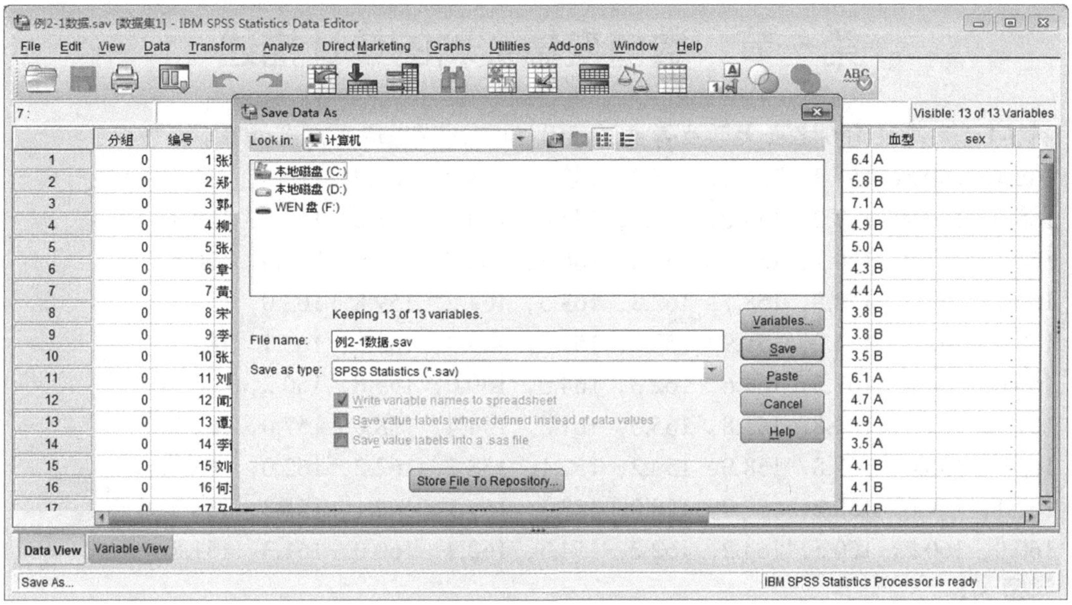

图 2-15　SPSS 数据文件保存对话窗口

（邬闻文　郭怀兰）

第三章　数值变量资料的统计分析

资料的统计分析包括统计描述和统计推断，本章将从这两方面介绍如何用 SPSS 软件来实现数值变量资料的统计分析。

第一节　数值变量资料的统计描述

例 3-1　某高校 100 名女大学生身高（cm）如下，请描述其分布特征。

162.1，159.8，157.3，160.4，155.2，159.3，158.0，160.2，159.5，161.6，
165.0，156.8，157.2，159.0，160.9，155.4，160.3，163.2，169.0，158.3，
160.1，157.9，170.1，155.5，157.8，166.3，165.7，162.9，155.8，170.8，
162.1，157.7，159.8，158.7，162.3，163.5，164.2，159.8，163.0，154.3，
158.6，162.1，164.0，158.9，157.8，159.3，163.4，165.8，165.7，163.4，
169.0，157.8，167.5，166.6，162.3，164.5，160.0，159.8，160.2，160.5，
161.1，153.4，164.8，161.8，165.0，161.5，154.4，158.0，157.0，162.1，
163.3，155.4，167.8，158.0，159.2，152.1，158.3，162.2，162.0，163.0，
161.1，159.0，158.2，157.0，158.0，158.3，157.1，162.1，154.3，158.9，
160.0，160.2，160.5，164.2，162.2，154.3，162.3，160.0，161.3，151.8。

问题 3-1

1. 按变量属性本例属于什么资料？
2. 怎样描述该资料的分布特征？
3. 通过什么 SPSS 过程来实现？

【分析】

1. 该资料属于数值变量资料，或定量数据，或计量资料。
2. 通过集中趋势和离散趋势两方面来描述其分布。
3. 在“Variable View”中定义变量“身高”，在“Data View”中将数据录入。
4. 通过“Frequencies”过程进行统计描述，并选择适当的集中趋势和离散趋势指标，也可通过“descriptive”过程来选择适当的集中趋势和离散趋势指标。
5. 对变量进行更为深入的分析，可通过“Explore”过程。

一、Frequencies 过程

【操作步骤】

1. 利用例 3-1 的数据，建立数据文件“身高.sav”，变量名为身高。
2. 选择“Analyze”→“Descriptive Statistics”→“Frequencies”选项（图 3-1）。
3. 在“Variable”中选入需要进行描述的变量“身高”。

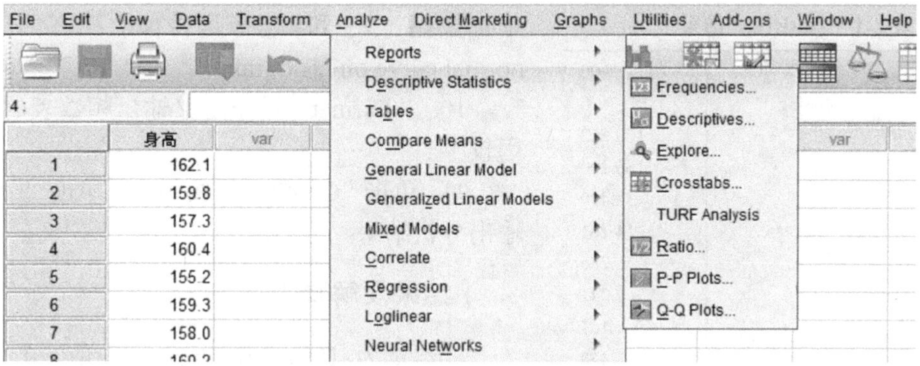

图 3-1　打开 Frequencies 的路径

4. 选择“Display frequency tables”复选框（图 3-2），输出频数表。

5. 单击“Statistics”（图 3-3），“Central Tendency”复选框组有“Mean”（算术平均数）、“Median”（中位数）、“Mode”（众数）、“Sum”（总数）。

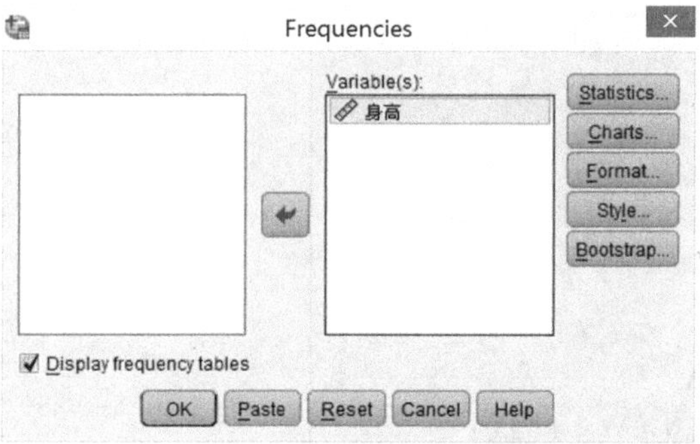

图 3-2　Frequencies 对话框

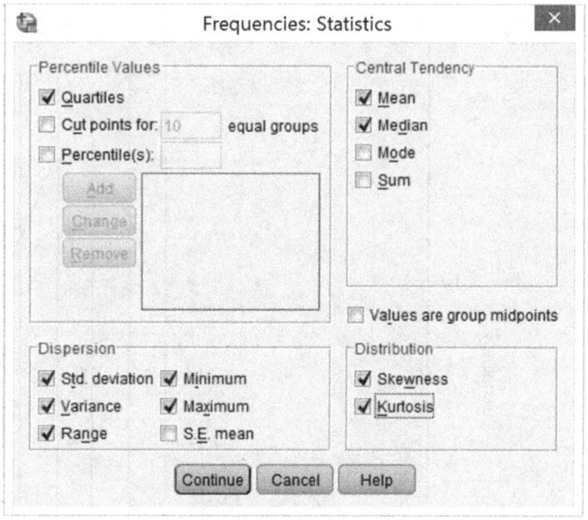

图 3-3　打开 Frequencies 下 Statistics 对话框

6. “Dispersion”复选框组选“Std.deviation”（标准差）、“Variance”（方差）、“Range”（全距）、“Minimum”（最小值）、“Maximum”（最大值）等。

7. “Percentile Values”（百分位数）复选框组中，选择“Quartiles”复选框，结果显示 P_{25}，P_{50}，P_{75}；如果选择“Cut points for.▭ equal groups”复选框，如果“▭”中填写 10，结果将显示 P_{10}，P_{20}，P_{30}，…，一直到 P_{90}；还可通过“Percentile”显示任意百分位数。

8. “Distribution”复选框组选择“Skewness”（偏度系数）和“Kurtosis”（峰度系数）。

9. 单击“Charts”（图 3-4），选择“Histograms”

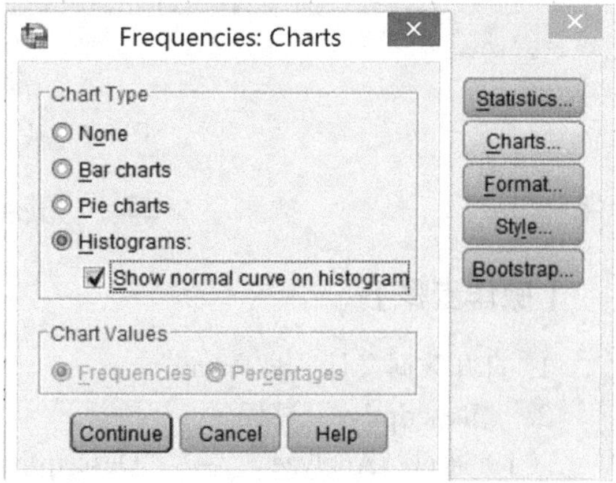

图 3-4　打开 Frequencies 下 Charts 对话框

表 3-1　Statistics 结果

N	Valid	100
	Missing	0
Mean		160.552
Median		160.200
Std.Deviation		3.8420
Variance		14.761
Skewness		.286
Std.Error of Skewness		.241
Kurtosis		.161
Std.Error of Kurtosis		.478
Range		19.0
Minimum		151.8
Maximum		170.8
Percentiles	25	158.000
	50	160.200
	75	162.975

单选按钮，还可以选择是否加上正态曲线（Show normal curve on histogram）。

10. “Format”用于定义输出频数表的格式，使用较少。

11. 单击“Continue”按钮，再单击“OK”按钮，输出分析结果。

【结果及解释】

样本量为 100，Missing（缺失值）0 例，Mean（均数）=160.552cm，Std（标准差）=3.8420cm（表 3-1）。

图 3-5 为直方图，可以看出某高校女生身高呈近似正态分布。

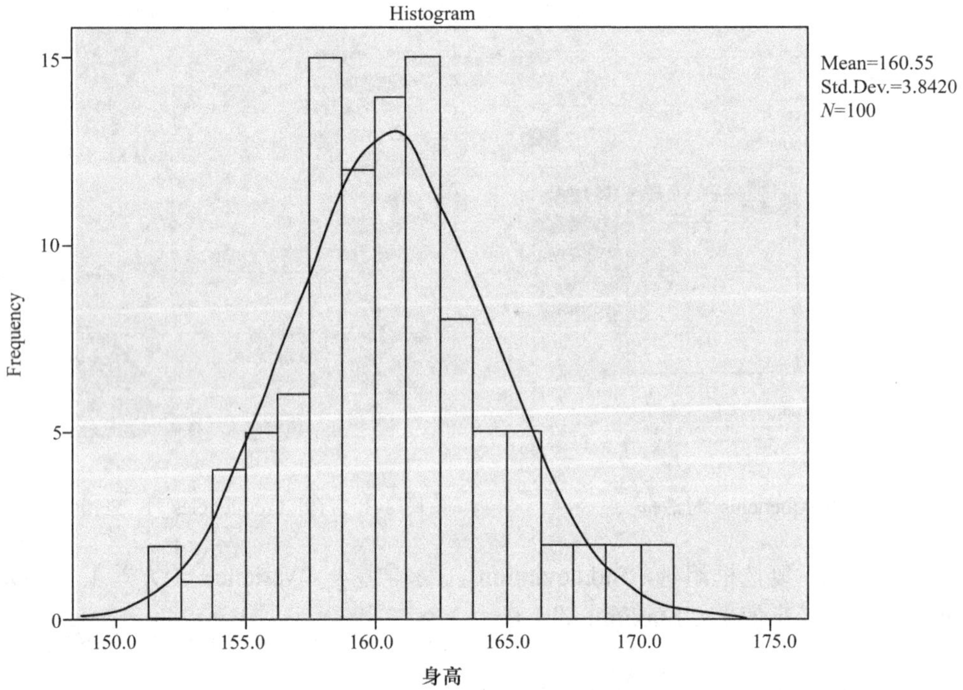

图 3-5　某高校女生身高分布图

二、Descriptive 过程

【操作步骤】

1. 打开数据文件“身高.sav”。

2. “Descriptive”过程。

（1）通过“Analyze” → “Descriptive Statistics”→“Descriptives”（图 3-6）。

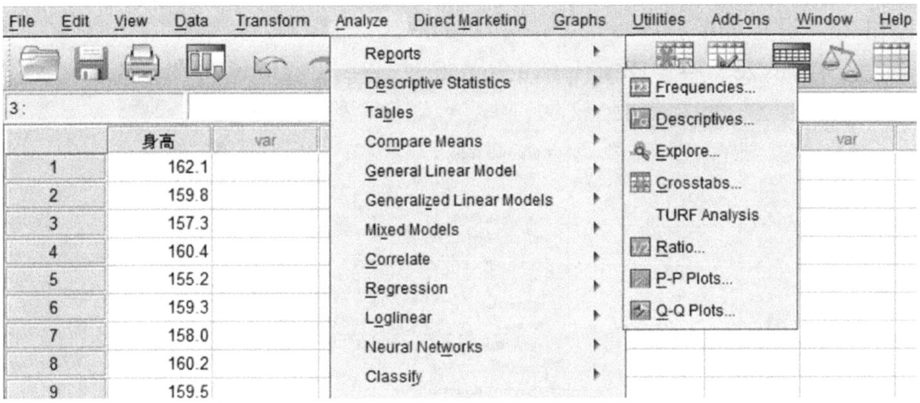

图 3-6　打开 Descriptives 的路径

（2）在“Variable”中选入需要进行描述的变量“身高”。

（3）单击“Options”（图 3-7），选“Mean”（算术平均数）、“Std.deviation”（标准差）、“Minimum”（最小值）、“Maximum”（最大值）；“Distribution”（数据分布）选“Skewness”（偏度系数）和“Kurtosis”（峰度系数）；“Display Order”（结果显示顺序）选“Variable list”（按变量列表顺序）。

（4）单击“Continue”，再单击“OK”，输出分析结果。

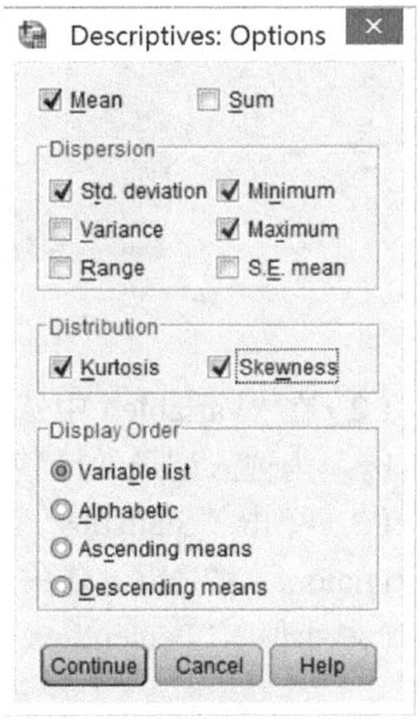

图 3-7　Descriptives 下 Options 对话框

【结果及解释】

表 3-2 统计描述结果显示：身高的 *N*（样本量）、Minimum（最小值）、Maximum（最大值）、Mean（算术平均数）、Std. Deviation（标准差）、Skewness（偏度系数）和 Kurtosis（峰度系数）。

表 3-2　身高的 Descriptive Statistics（统计描述）结果

	N	Minimum	Maximum	Mean	Std. Deviation	Skewness		Kurtosis	
	Statistic	Statistic	Statistic	Statistic	Statistic	Statistic	Std.Error	Statistic	Std.Error
身高	100	151.8	170.8	160.552	3.8420	.286	.241	.161	.478
Valid N（listwise）	100								

三、Explore 过程

【操作步骤】

1. 打开数据文件“身高.sav”。

2. “Explore”过程如下：

（1）通过“Analyze”→“Descriptive Statistics”→“Explore”（图 3-8）。

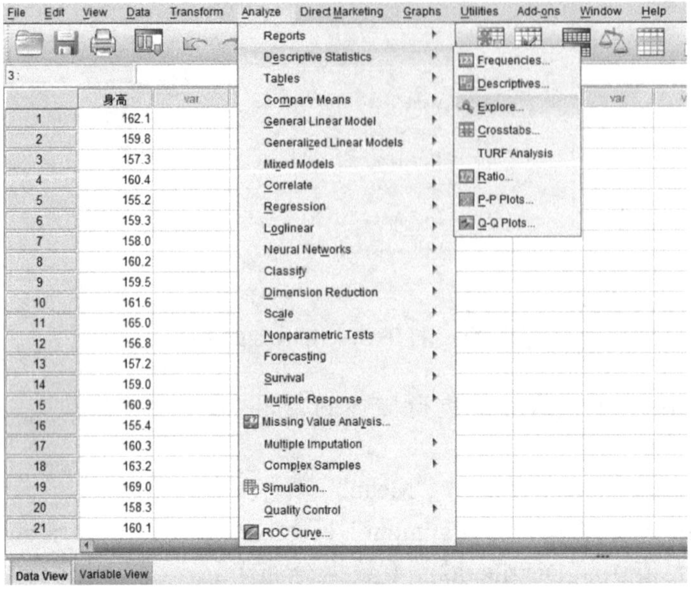

图 3-8　进入 Explore 的路径

（2）在“Variable”中选入需要进行描述的变量“身高”，“Factor List”为分组变量，“Label cases by”为选入记录的标签变量。

（3）单击“Statistics”（图 3-9），弹出“Explore：Statistics”对话框，选“Descriptives、M-estimators”复选框，作集中趋势的粗略最大似然确定。“Outliers”复选框：输出五个最大值与五个最小值。“Percentiles”复选框：输出第 5、10、25、50、75、90、95 百分位数。

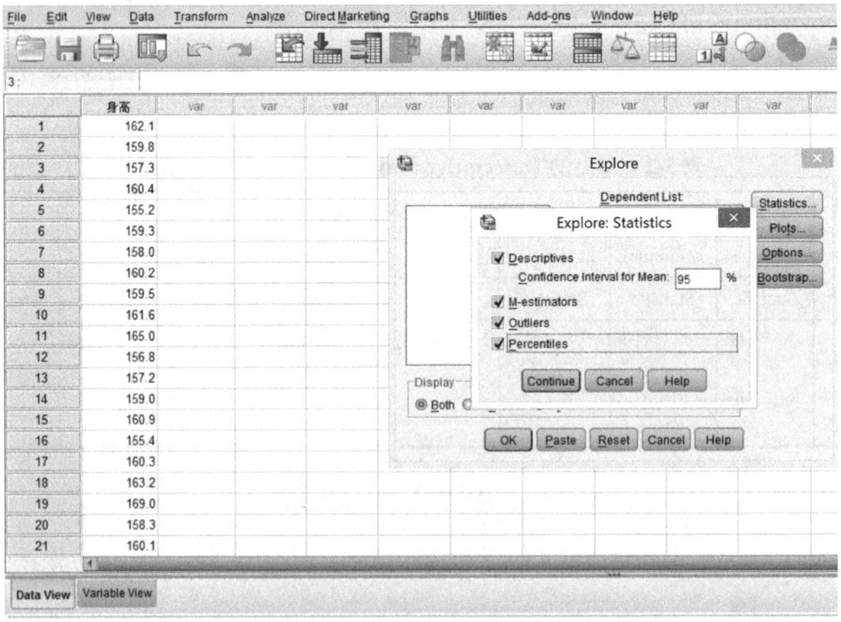

图 3-9　打开 Explore 下 Statistics 对话框

（4）单击“Plots”（图 3-10），确定“Boxplots”的绘制方式，“Factor levels together”为按组别分组绘制，“Dependents together”为不分组一起绘制，“None”为不绘制箱式图。“Descriptive”复选框下的“Stem-and-leaf”为绘制茎叶图，“Histogram”为绘制直方图。“Normality plots with tests”为绘制正态分布图，并对变量分布作正态分布的检验。

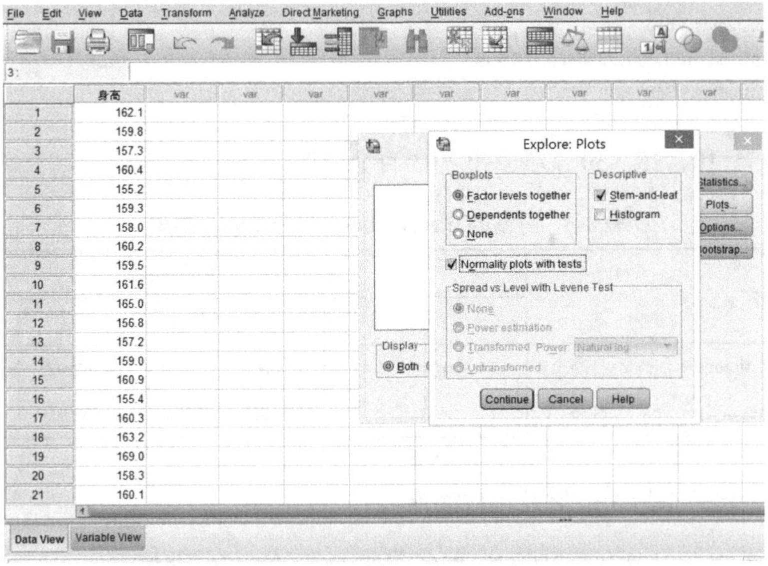

图 3-10　打开 Explore 下 Plots 对话框

单击“Continue”，再单击“OK”，输出分析结果。

【结果及解释】

表 3-3 为统计描述的结果。

表 3-3　身高的 Descriptives Statistics（统计描述）结果

			Statistic	Std.Error
身高	Mean		160.552	.3842
	95% Confidence Interval for Mean	Lower Bound	159.790	
		Upper Bound	161.314	
	5% Trimmed Mean		160.473	
	Median		160.200	
	Variance		14.761	
	Std.Deviation		3.8420	
	Minimum		151.8	
	Maximum		170.8	
	Range		19.0	
	Interquartile Range		5.0	
	Skewness		.286	.241
	Kurtosis		.161	.478

表 3-4 结果是四种方法对身高集中趋势的估计值，该估计值受异常值影响较小，Huber’s 适于呈正态分布的资料。

表 3-4 身高的 **M-Estimators**（集中趋势估计值）结果

	Huber's M-Estimator[a]	Tukey's Biweight[b]	Hampel's M-Estimator[c]	Andrews' Wave[d]
身高	160.330	160.233	160.351	160.229

a. The weighting constant is 1.339.

b. The weighting constant is 4.685.

c. The weighting constants are 1.700，3.400 and 8.500.

d. The weighting constant is 1.340*pi.

表 3-5 为第 5、10、25、50、75、90、95 百分位数。

表 3-5 身高的 **Percentiles**（百分位数）结果

		Percentiles						
		5	10	25	50	75	90	95
Weighted Average（Definition 1）	身高	154.300	155.410	158.000	160.200	162.975	165.700	167.785
Tukey's Hinges	身高			158.000	160.200	162.950		

表 3-6 为最大和最小的 5 个值及相应的序号。

表 3-6 身高的 **Extreme Values**（极端值）结果

			Case Number	Value
身高	Highest	1	30	170.8
		2	23	170.1
		3	19	169.0
		4	51	169.0
		5	73	167.8
	Lowest	1	100	151.8
		2	76	152.1
		3	62	153.4
		4	96	154.3
		5	89	154.3[a]

a. Only a partial list of cases with the value 154.3 are shown in the table of lower extremes.

表 3-7 为正态性检验结果，常按 0.10 的检验水准，本例两种检验方法所得 P 值均大于 0.10，表明身高资料服从正态分布。

表 3-7 身高的 **Tests of Normality**（正态性检验）结果

	Kolmogorov-Smirnov[a]			Shapiro-Wilk		
	Statistic	df	Sig.	Statistic	df	Sig.
身高	.065	100	.200*	.988	100	.512

*. This is a lower bound of the true significance.

a. Lilliefors Significance Correction.

Kolmogorov-Smirnov 检验是一种非参数检验方法，可推断样本是否来自正态分布总体、均匀分布总体或 Poisson 分布总体等。Shapiro-Wilk 检验简称 *W* 检验，适用于样本量 3～50 的数据，通过假设检验方法判断研究对象的总体是否服从正态分布。

图 3-11 为身高的茎叶图，第一列为频数，第二、三列分别为茎、叶，Stem width 为茎宽，代表实际值为标识值的倍数，本例中茎宽为 1.0，例如 154.3334，频数为 4.00，表示三个值分别为 154.3，154.3，154.3 和 154.4。从此图可知本例身高资料呈近似正态分布。

图 3-12 为身高的箱式图，箱子中间的黑粗横线是中位数，箱子的上端是 P_{75}，下端是 P_{25}，方框为四分位间距的范围（P_{75}—P_{25}），箱式图上下两端的细横线分别为最大值和最小值。

在图 3-13 身高的正态 Q-Q 图中，除了两端较大和较小的数据，其他各数据点基本在一条直线上，说明本例身高资料的分布呈近似正态分布。

图 3-14 为身高的去势正态 Q-Q 图，也叫残差图，反映的是按正态分布计算的理论值与实际值之差的分布情况，数据点波动在直线 *Y*=0.0 上下，说明本例身高资料呈近似正态分布。

Frequency	Stem &	Leaf
1. 00	151.	8
1. 00	152.	1
1. 00	153.	4
4. 00	154.	3334
5. 00	155.	24458
1. 00	156.	8
10. 00	157.	0012378889
12. 00	158.	000023336799
10. 00	159.	0023358888
12. 00	160.	000122234559
6. 00	161.	113568
12. 00	162.	011111223339
7. 00	163.	0023445
5. 00	164.	02258
5. 00	165.	00778
2. 00	166.	36
2. 00	167.	58
.00	168.	
2. 00	169.	00
1. 00	170.	1
1. 00	Extremes	（>=170.8）
Stem width:	1.0	
Each leaf:	1 case（s）	

图 3-11　身高的 Stem-and-leaf（茎叶）图

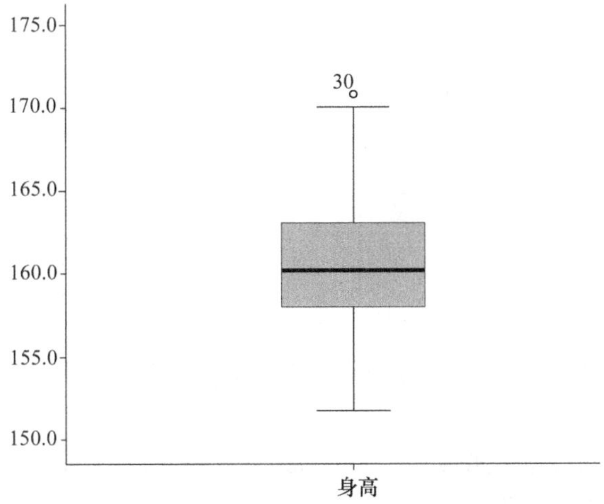

图 3-12　身高的箱式图

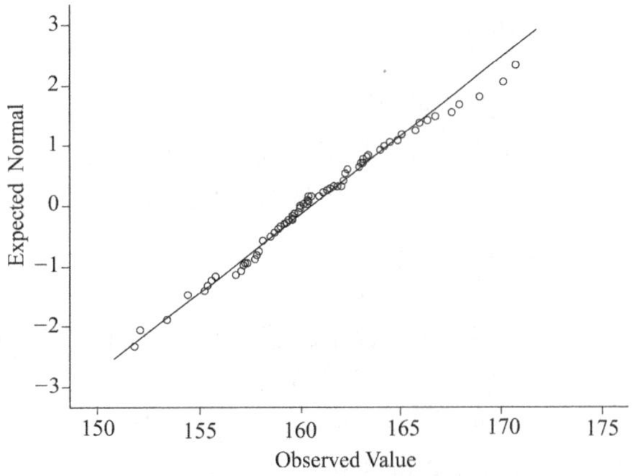

图 3-13　身高的正态 Q-Q 图

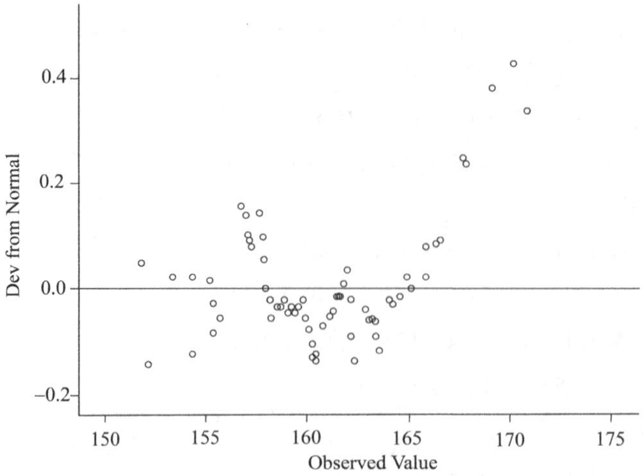

图 3-14　身高的去势正态 Q-Q 图

四、几何均数（geometric mean，G）过程

例 3-2　现有某市 85 人血清抗体滴度，见表 3-8，求平均滴度。

表 3-8　某市 85 人血清抗体滴度

抗体滴度	人数	抗体滴度的倒数	抗体滴度	人数	抗体滴度的倒数
1∶4	5	4	1∶32	32	32
1∶8	7	8	1∶64	26	64
1∶16	15	16			

问题 3-2

1. 按变量属性本例属于什么资料？
2. 怎样描述该资料的平均水平？
3. 通过什么 SPSS 过程来实现？

【分析】

1. 该资料属于数值变量资料。
2. 通过几何均数来描述其平均水平。
3. 求平均滴度，可通过“Reports”过程。

【操作步骤】

1. 利用例 3-2 数据，建立数据文件“平均抗体滴度.sav”，变量名为抗体滴度倒数。
2. 方法一：原始数据输入。

（1）在“Variable View”窗口中定义变量“抗体滴度倒数”，在“Data View”窗口中输入数据，如抗体滴度倒数为 4 的有 5 例，可输入 5 个 4（图 3-15）。

（2）通过“Analyze”→“Reports”→ “Case Summaries”（图 3-15）。

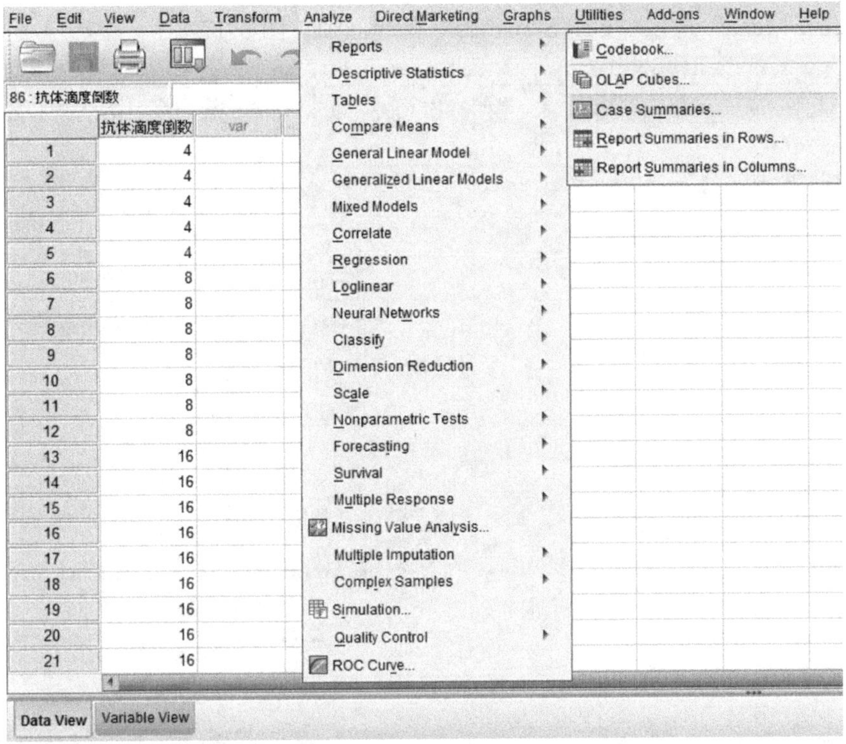

图 3-15　进入 Reports 的路径

（3）弹出“Summarize Cases”对话框，选入变量“抗体滴度倒数”（图 3-16）。

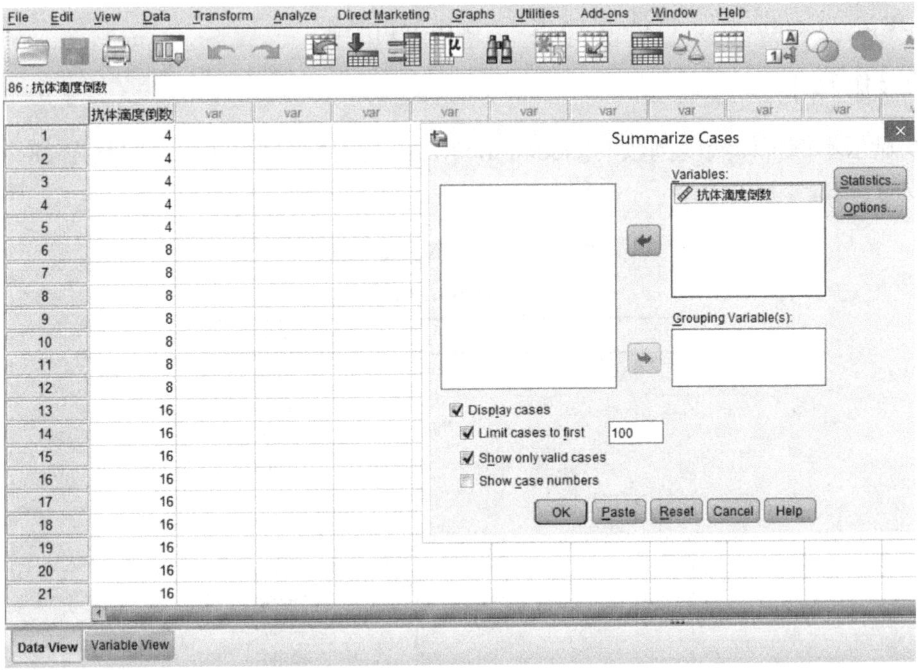

图 3-16　Summarize Cases 对话框

（4）单击“Statistics”，弹出“Summary Report：Statistics”对话框，将“Statistics”复选

框中“Geometric Mean”选入“Cell Statistics”复选框中（图 3-17）。

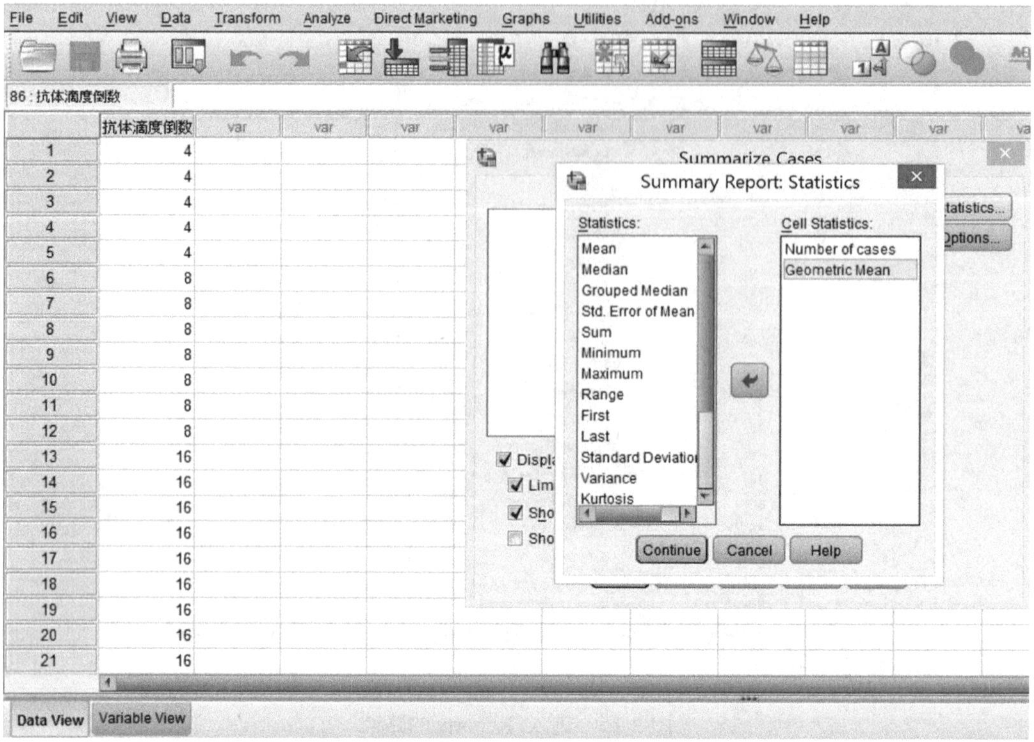

图 3-17　打开 Summarize Cases 下的 Statistics 对话框

（5）单击“Continue”，再单击“OK”，输出分析结果。

【结果及解释】

表 3-9 显示本例抗体滴度倒数的 Geometric Mean 几何均数为 27.63，取整为 28，因此平均抗体滴度为 1：28。

表 3-9　平均抗体滴度结果

Case Summaries[a]

		抗体滴度倒数
1		4.00
2		4.00
3		4.00
81		64.00
⋮		⋮
⋮		⋮
82		64.00
83		64.00
84		64.00
85		64.00
Total	*N*	85
	Geometric Mean	27.6314

a. Limited to first 100 cases.

3. 方法二：频数表输入。

（1）在“Variable View”窗口中定义变量“抗体滴度倒数”和“频数”，在“Data View”窗口中输入数据，如抗体滴度倒数为 4 的有 5 例，可在“抗体滴度倒数”列输入 4，“频数”列输入 5（图 3-18）。

（2）通过“Data”→“Weight Cases”对频数加权（图 3-19）。

（3）弹出“Weight Cases”对话框，激活“Weight cases by”，将“频数”选入“Frequency Variable”中，单击“OK”（图 3-20）。

图 3-18　频数表的数据录入

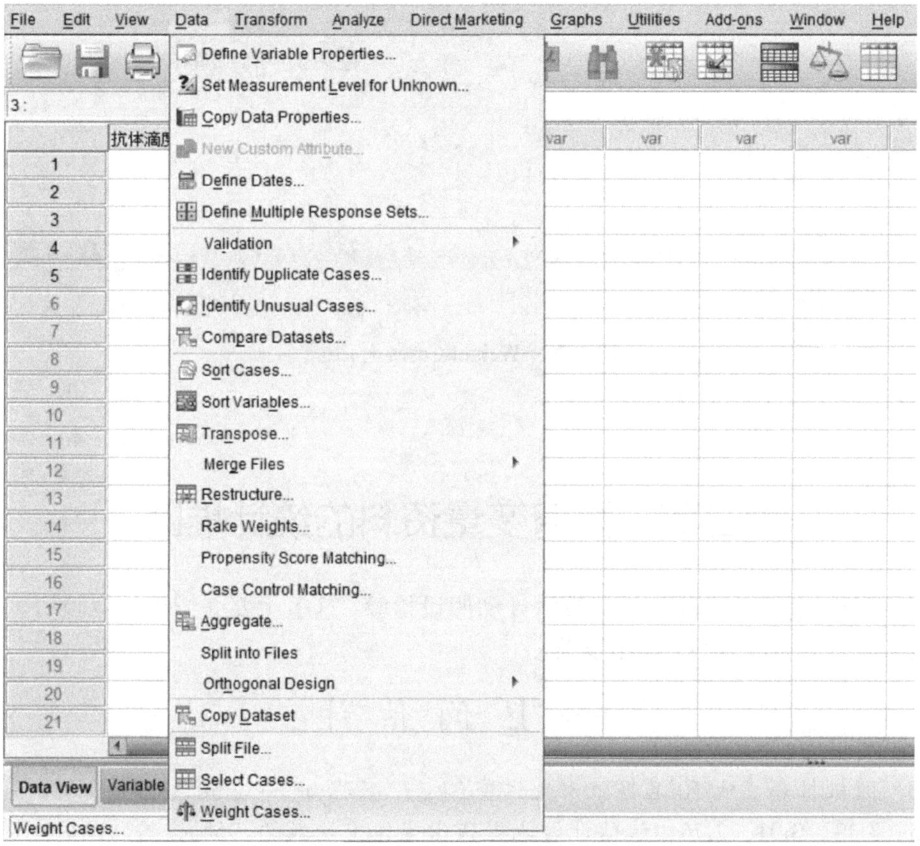

图 3-19　进入 Data 的路径

（4）通过“Analyze”→“Reports”→“Case Summaries”，弹出“Summarize Cases”对话框，选入需要进行描述的变量“抗体滴度倒数”；单击“Statistics”，弹出“Summary Report: Statistics”对话框，将“Statistics”复选框中“Geometric Mean”选入“Cell Statistics”复选框中；单击“Continue”，再单击“OK”，输出分析结果（操作参照前原始数据输入法）。

（5）结果显示本例抗体滴度倒数的 Geometric Mean 几何均数为 27.63，取整为 28，因此平均抗体滴度为 1∶28。

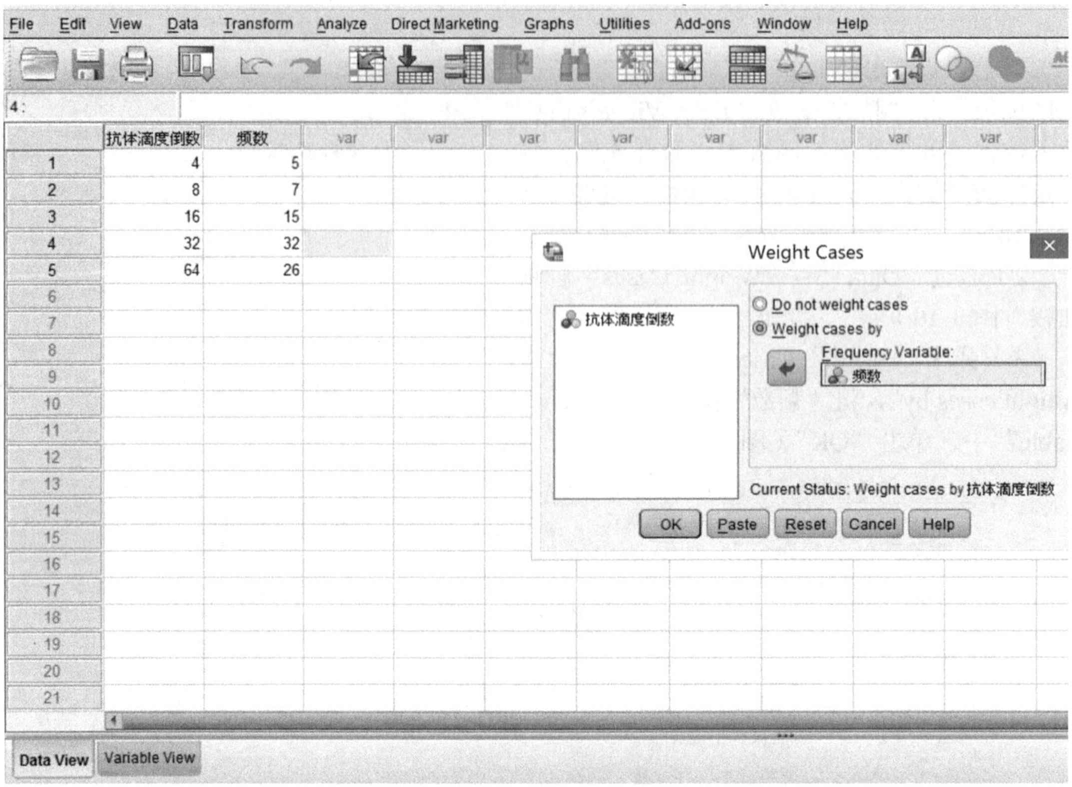

图 3-20　Weight Cases 对话框

（陈　晋　刘　颖）

第二节　数值变量资料的统计推断

数值变量资料的统计推断包括参数估计和假设检验，这里主要介绍数值变量资料的区间估计、t 检验和方差分析的 SPSS 操作步骤。

一、区 间 估 计

例 3-3　随机抽查某地 10 名男孩出生体重（kg），数据如下：2.50，3.20，2.83，3.66，3.15，3.78，2.95，3.33，3.91，2.75，试估计该地男孩出生体重均数的 95%置信区间。

问题 3-3

1. 按变量类型本例属于什么资料？
2. 通过什么方法估计该地男孩出生体重均数的 95% 置信区间？
3. 通过什么 SPSS 过程来实现？

【分析】

1. 该资料属于数值变量资料，或定量资料，或计量资料。
2. 用区间估计方法得出该地男孩出生体重均数 μ 的 95% 置信区间。

3. 通过 Explore 过程来实现。

【操作步骤】

1. 在“Variable View”窗口定义数值变量“weight”，在“Data View”窗口输入数据。
2. 单击“Analyze”→“Descriptive Statistics”→“Explore”（图 3-21）。

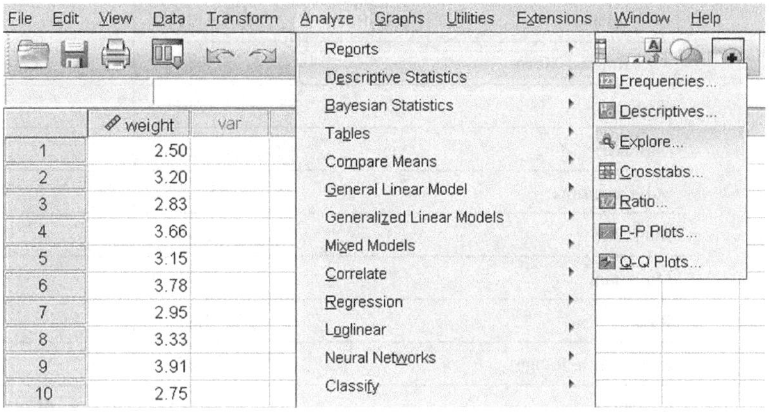

图 3-21　进入 Explore 路径

3. 将需要描述的变量“weight”选入“Dependent List”框中（图 3-22），“Factor List”为分组变量，“Label Cases by”为选入记录的标签变量。

4. 单击“Statistics”，默认勾选“Descriptives”复选框，默认 95%总体均数置信区间，单击“Continue”（图 3-23）；“M-estimators”复选框可作集中趋势的粗略最大似然确定；“Outliers”复选框可输出五个最大值与五个最小值；“Percentiles”复选框可输出第 5、10、25、50、75、90、95 百分位数。

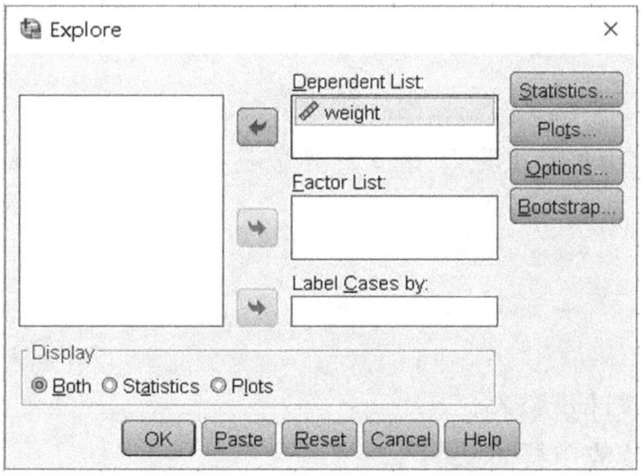

图 3-22　Explore 对话框

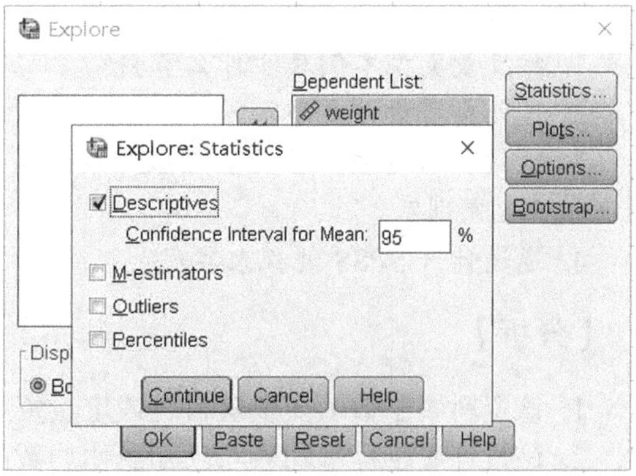

图 3-23　Explore 下的 Statistics 对话框

5. 单击“OK”，输出分析结果。

【结果及解释】

表 3-10 为 Descriptives 的结果，即该地男孩出生体重均数 μ 的 95% 置信区间为 2.87～3.54kg。

表 3-10　体重均数 μ 的置信区间

Desciptives

			Statistic	Std. Error
weight	Mean		3.2060	.14769
	95% Confidence Interval for Mean	Lower Bound	2.8719	
		Upper Bound	3.5401	
	5% Trimmed Mean		3.2061	
	Median		3.1750	
	Variance		.218	
	Std. Deviation		.46703	
	Minimum		2.50	
	Maximum		3.91	
	Range		1.41	
	Interquartile Range		.88	
	Skewness		.159	.687
	Kurtosis		−1.069	1.334

二、样本均数与总体均数比较的 t 检验

例 3-4　15 例长期服用某种避孕药物的女性，测其血清胆固醇含量（mmol/L）如下：7.24，6.92，6.59，7.18，5.85，7.29，5.53，6.67，5.72，5.66，6.86，7.19，6.32，5.51，6.24。一般健康女性血清胆固醇含量的均数为 4.4 mmol/L，问长期服用该种避孕药物的女性其血清胆固醇含量的均数与一般健康女性有无差别？

问题 3-4

1. 按变量类型本例属于什么资料？
2. 这是哪种设计类型？
3. 通过什么方法来检验长期服用该种避孕药物的女性其血清胆固醇含量的均数与一般健康女性有无差别？
4. 通过什么 SPSS 过程来实现？

【分析】

1. 该资料属于数值变量资料，或定量资料，或计量资料。
2. 该设计属于样本均数与已知总体均数的比较或单样本设计。
3. 用单样本 t 检验方法来检验。
4. 通过“One-Sample T Test”过程来实现。

【操作步骤】

1. 在“Variable View”窗口定义数值变量“DGC”，在“Data View”窗口输入数据。
2. 单击“Analyze”→“Compare Means”→“One-Sample T Test”（图 3-24）。

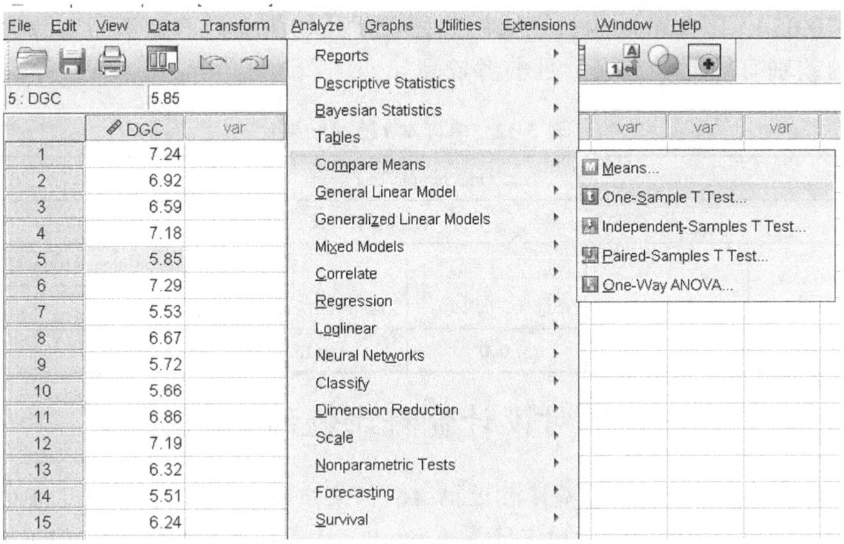

图 3-24　进入 One-Sample T Test 路径

3. 在“Test Variable”框，选入需要检验的变量“DGC”；在“Test Value”后输入一般健康女性血清胆固醇含量均数 4.4（图 3-25）。

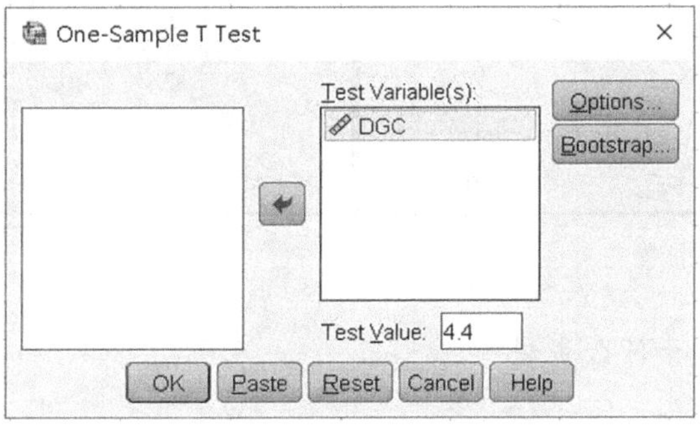

图 3-25　One-Sample T Test 对话框

4. 单击“OK”，输出分析结果。

【结果及解释】

表 3-11 给出胆固醇变量的基本情况描述，有样本量、均数、标准差和标准误。

表 3-11　胆固醇的统计描述

One-Sample Statistics

	N	Mean	Std.Deviation	Std.Error Mean
DGC	15	6.4513	.66414	.17148

表 3-12 为单样本 t 检验结果，第一行注明了用于比较的已知总体均数 μ=4.4，下面从左到右依次为 t 值、自由度（df）、双侧 P 值[Sig.（2-tailed）]、两均数的差值（Mean Difference）、差值的 95%置信区间（95% Confidence Interval of Difference）。由表 3-12 可知：t=11.962，

P=0.000（P＜0.05），因此可认为长期服用该种避孕药物的女性其血清胆固醇含量均数与一般健康女性的差别有统计学意义，且前者较高。

表 3-12　单样本 t 检验结果

One-Sample Test						
	Test Value=4.4					
					95% Confidence Interval of the Difference	
	t	df	Sig.（2-tailed）	Mean Difference	Lower	Upper
DGC	11.962	14	.000	2.05133	1.6835	2.4191

三、配对设计资料比较的 t 检验

例 3-5　按性别、年龄相近、病情相近把 16 例某疾病患者配成 8 对，每对分别给予 A 药和 B 药治疗，现测得治疗后红细胞沉降率（mm/h）结果如表 3-13 所示，问不同药物治疗后患者红细胞沉降率水平是否有差异？

表 3-13　不同药物治疗后某疾病患者的红细胞沉降率（mm/h）

对子号	A 药	B 药	对子号	A 药	B 药
1	10	6	5	10	10
2	13	9	6	7	4
3	6	3	7	8	2
4	11	10	8	8	5

问题 3-5

1. 按变量类型本例属于什么资料？
2. 这是哪种设计类型？
3. 通过什么方法来检验不同药物治疗后患者红细胞沉降率水平是否有差异？
4. 通过什么 SPSS 过程来实现？

【分析】

1. 该资料属于数值变量资料，或计量资料，或定量资料。
2. 该设计属于配对设计的差值均数与总体均数 0 的比较。
3. 用配对 t 检验方法来检验。
4. 通过“Paired-Samples T Test”过程来实现。

【操作步骤】

1. 在“Variable View”窗口定义变量“A”和“B”，在“Data View”窗口输入数据。
2. 通过“Analyze”→“Compare Means”→“Paired-Samples T Test”（图 3-26）。
3. 将变量“A”和“B”选入“Paired Variables”框（图 3-27）。
4. 单击“OK”，输出分析结果。

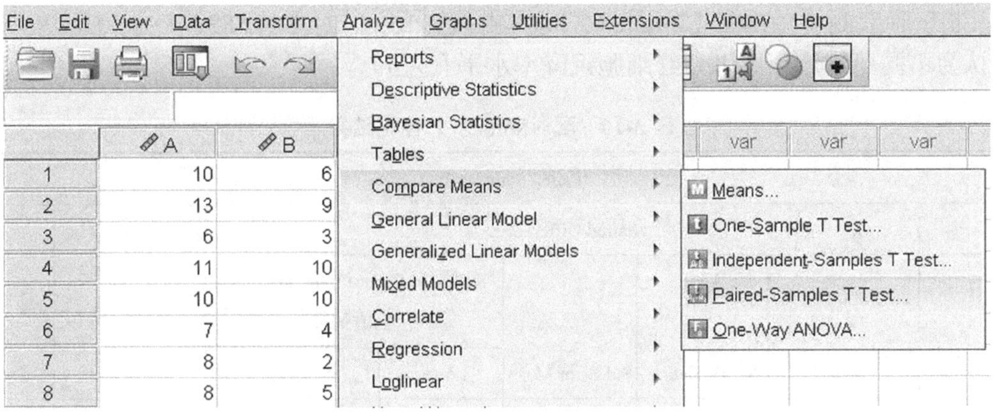

图 3-26　进入 Paired-Samples T Test 的路径

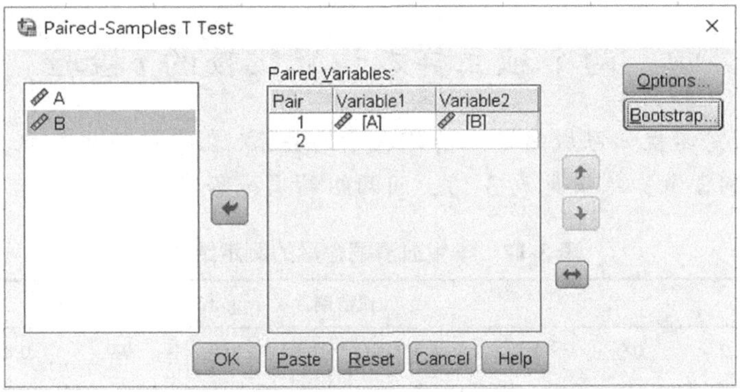

图 3-27　Paired-Samples T Test 对话框

【结果及解释】

表 3-14 为配对变量的统计描述。

表 3-14　配对变量的统计描述

Paired Samples Statistics					
		Mean	*N*	Std.Deviation	Std.Error Mean
Pair 1	A	9.13	8	2.295	.811
	B	6.13	8	3.182	1.125

表 3-15 为配对变量间的相关分析。

表 3-15　配对变量间的相关分析

Paired Samples Correlations				
		N	Correlation	Sig.
Pair 1	A & B	8	.819	.013

表 3-16 为配对变量间差值的 Mean（均数）、Std.Deviation（标准差）、配对 t 检验的 t 值、

自由度（df）和双侧 P 值[Sig.（2-tailed）]等。由表 3-16 可知：t=4.583，P=0.003（P<0.05），因此可认为不同药物治疗后患者红细胞沉降率水平有差异。

表 3-16　配对变量的 t 检验结果

Paired Samples Test

		Paired Differences					t	df	Sig.（2-tailed）
		Mean	Std.Deviation	Std.Error Mean	95% Confidence Interval of the Difference				
					Lower	Upper			
Pair 1	A-B	3.000	1.852	.655	1.452	4.548	4.583	7	.003

四、两个独立样本均数比较的 t 检验

例 3-6　为了研究学生学习成绩与血清铜含量的关系，在学校随机抽取 10 名低分生和 9 名高分生调查其血清铜含量，结果见表 3-17，问两组结果是否有差别？

表 3-17　学生血清铜含量的测定结果

分组	人数	血清铜含量（μg/mL）									
低分生	10	1.2	0.9	1.1	1.3	1.2	0.9	0.9	0.8	0.8	1.0
高分生	9	1.3	1.2	1.2	0.7	0.9	1.2	0.9	1.0	0.8	

问题 3-6

1. 按变量类型本例属于什么资料？
2. 这是哪种设计类型？
3. 通过什么方法来检验两组学生血清铜含量是否有差别？
4. 通过什么 SPSS 过程来实现？

【分析】

1. 该资料属于数值变量资料，或计量资料，或定量资料。
2. 该设计属于完全随机设计两独立样本均数的比较。
3. 用两个独立样本 t 检验方法。
4. 通过“Independent-Samples T Test”过程来实现。

【操作步骤】

1. 在“Variable View”窗口定义变量“group”和“Cu”，并对“group”变量分别赋值 1、2 为中文标签“低分生”“高分生”（图 3-28），在“Data View”窗口输入数据。

2. 通过“Analyze”→“Compare Means”→“Independent”-“Samples T Test”（图 3-29）。

3. 将“Cu”选入“Test Variable”框内，将“group”选入“Grouping Variable”框内（图 3-30）。

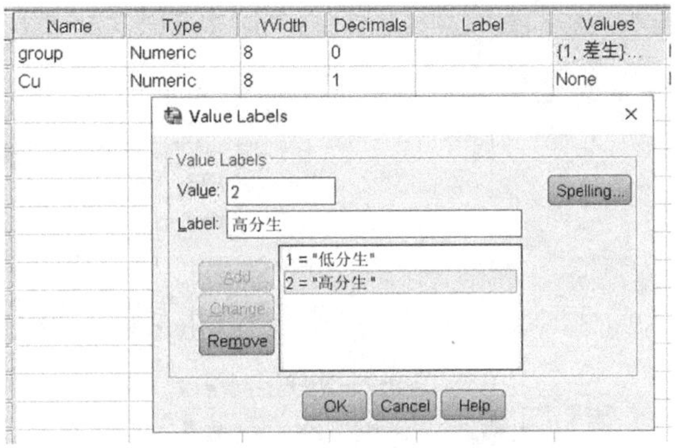

图 3-28　Value Labels 对话框

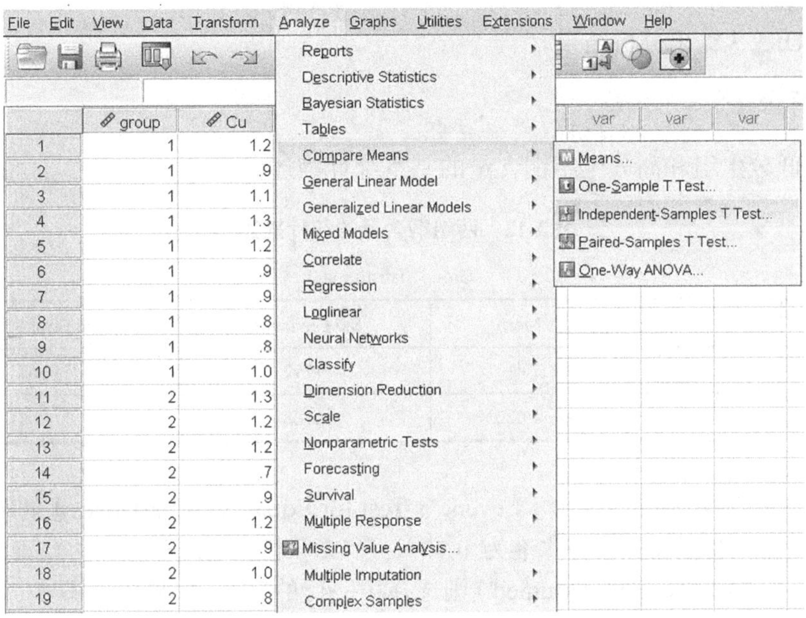

图 3-29　进入 Independent-Samples T Test 路径

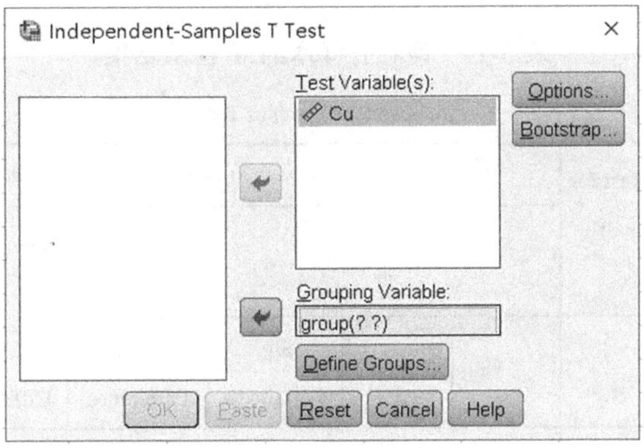

图 3-30　Independent-Samples T Test 对话框

4. 单击“Define Groups”，定义“group”变量值，分别在“Group1”、“Group2”输入“1”、“2”，单击“Continue”（图 3-31）。

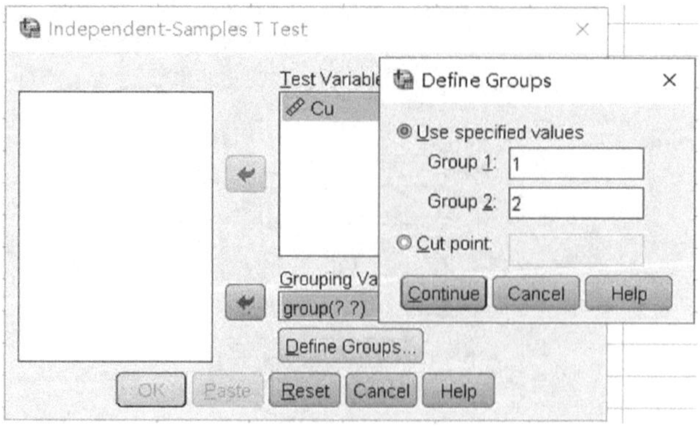

图 3-31　Define Groups 对话框

5. 单击“OK”，输出分析结果。

【结果及解释】

表 3-18 为低分生组和高分生组铜含量的基本统计描述结果。

表 3-18　两组铜含量的统计描述

Group Statistics

group	*N*	Mean	Std.Deviation	Std.Error Mean
低分生	10	1.010	.1792	.0567
高分生	9	1.022	.2108	.0703

表 3-19 中 *F* 值为方差齐性检验（Levene' s Test for Equality of Variances）的结果，*P*=0.476（*P*>0.10）（方差齐性检验时检验水准为 0.10），所以两组总体方差是齐的。表 3-19 有两个 *t* 值，如果方差齐（equal variances assumed）则选择第一行的 *t* 值，如果方差不齐（equal variances not assumed），则选择第二行的 *t* 值。本例方差齐，所以选择第一行的 *t* 值和 *P* 值，*t*=−0.137，*P*=0.893（*P*>0.05），因此不可认为低分生和高分生血清铜含量有差别。

表 3-19　两独立样本的 *t* 检验结果

Independent-Samples Test

	Levene's Test for Equality of Variances		t-test for Equality of Means						
								95% Confidence Interval of the Difference	
	F	Sig.	*t*	df	Sig.（2-tailed）	Mean Difference	Std.Error Difference	Lower	Upper
Equal variances assumed	.530	.476	−.137	17	.893	−.0122	.0895	−.2010	.1765
Equal variances not assumed			−.135	15.835	.894	−.0122	.0903	−.2038	.1793

五、单因素方差分析（完全随机设计的多个样本均数比较）

例 3-7　某研究者将 27 只雄性大鼠随机分成三组（每组 9 只），给予不同处理 3 周后，测定血清中的 SOD（超氧化物歧化酶）活性，结果见表 3-20。问三组的 SOD 活性是否有差异？

表 3-20　三组大鼠血清中 SOD 活性（mol/L）

对照组	环孢素组	环孢素+精氨酸组	对照组	环孢素组	环孢素+精氨酸组
365.1	348.3	360.5	370.8	356.8	371.5
394.2	355.2	368.0	350.2	324.4	374.1
373.3	319.9	386.4	410.2	356.2	368.4
375.2	354.4	369.4	360.5	350.2	372.1
358.6	352.7	352.1			

问题 3-7

1. 按变量类型本例属于什么资料？
2. 这是哪种设计类型？
3. 通过什么方法来检验这三组大鼠血清中 SOD 活性是否有差异？
4. 通过什么 SPSS 过程来实现？

【分析】

1. 该资料属于数值变量资料，或定量资料，或计量资料。
2. 该设计属于完全随机设计的多个样本均数比较。
3. 用单因素方差分析来检验。
4. 通过“One-Way ANOVA”过程来实现。

【操作步骤】

1. 在“Variable”窗口定义变量“group”和“SOD”，在“Data”窗口输入数据。
2. 通过“Analyze”→“Compare Means”→“One-Way ANOVA”（图 3-32）。

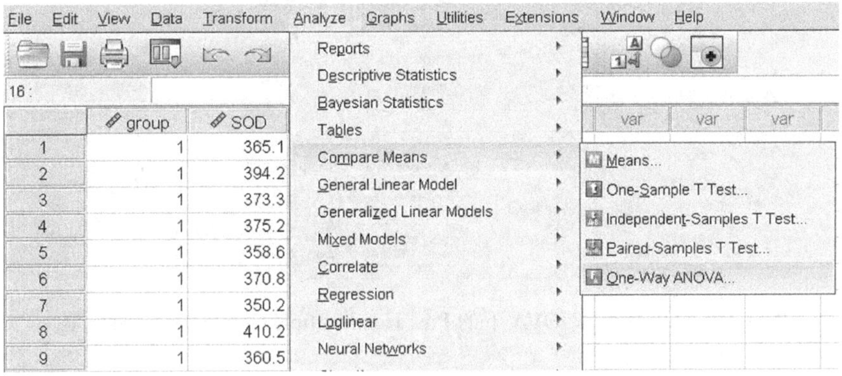

图 3-32　进入 One-Way ANOVA 的路径

3. 将变量“SOD”选入“Dependent List”框，将变量“group”选入“Factor”框。单击

“Options”（图 3-33），选择“Descriptive”复选框，对各组做统计描述；选择“Homogeneity of variance test”做方差齐性检验；选择“Means plot”复选框用各组均数作图；“Missing Values”单选框组，定义分析中对缺失值的处理方法。单击“Continue”按钮确认。

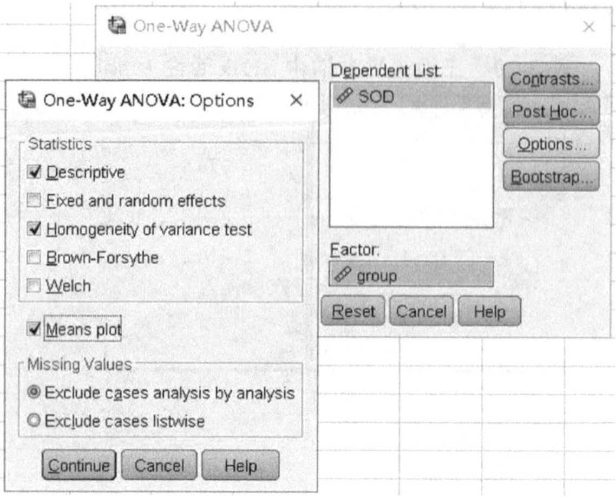

图 3-33 One-Way ANOVA 下的 Options 对话框

4. 单击“Post Hoc Multiple Comparisons”（图 3-34），选择两两比较的检验方法，如果选择“Equal Variances Assumed”（方差齐），可选的方法共有 14 种，其中最常用的为 S-N-K 法。如果选择“Equal Variances Not Assumed”（方差不齐），可选的方法共有 4 种，其中以 Dunnett's C 法较常用。单击“Continue”确认。

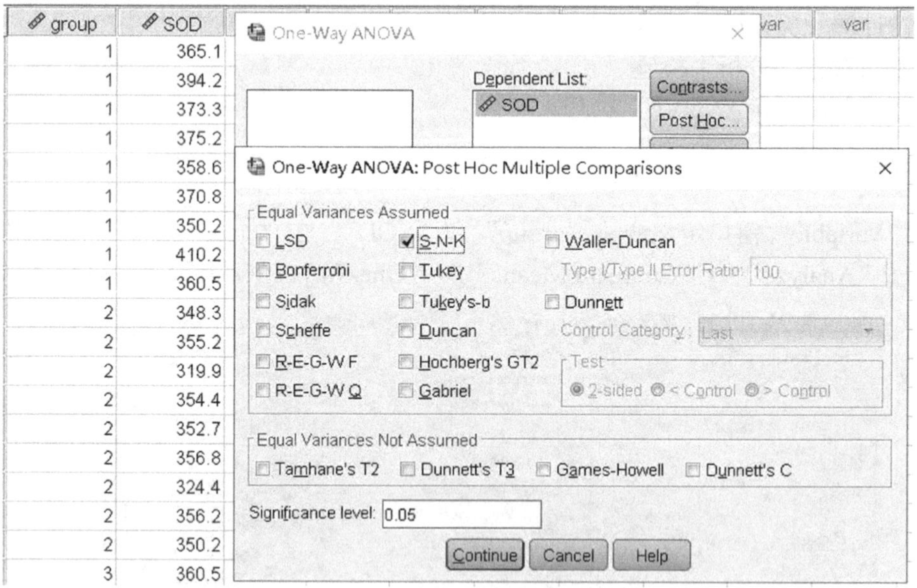

图 3-34 One-Way ANOVA 下的 Post Hoc Multiple Comparisons 对话框

5. Contrasts，对精细趋势检验和精确两两比较的选项进行定义，用得较少。

6. 单击“OK”，输出分析结果。

【结果及解释】

表 3-21 为各组 SOD 方差齐性检验结果，*P* 为 0.262，大于 0.10，表明方差齐。

表 3-21　方差齐性检验

Test of Homogeneity of Variances

		Levene Statistic	df1	df2	Sig.
SOD	Based on Mean	1.417	2	24	.262
	Based on Median	.947	2	24	.402
	Based on Median and with adjusted df	.947	2	20.152	.405
	Based on trimmed mean	1.279	2	24	.297

表 3-22、表 3-23 为统计描述和方差分析结果，$SS_{总}$=8809.794，$SS_{组间}$=3727.656，$SS_{组内}$=5082.138，$MS_{组间}$=1863.828，$MS_{组内}$=211.756，F=8.802，P=0.001（P<0.05），因此三组间 SOD 有统计学差异，两两比较结果如表 3-24 所示：

表 3-22　各组 SOD 的统计描述

Descriptives

SOD

	N	Mean	Std.Deviation	Std.Error	95% Confidence Interval for Mean		Minimum	Maximum
					Lower Bound	Upper Bound		
1	9	373.122	18.6708	6.2236	358.771	387.474	350.2	410.2
2	9	346.456	14.0961	4.6987	335.620	357.291	319.9	356.8
3	9	369.167	9.3792	3.1264	361.957	376.376	352.1	386.4
Total	27	362.915	18.4076	3.5425	355.633	370.197	319.9	410.2

表 3-23　方差分析结果

ANOVA

SOD

	Sum of Squares	df	Mean Square	*F*	Sig.
Between Groups	3727.656	2	1863.828	8.802	.001
Within Groups	5082.138	24	211.756		
Total	8809.794	26			

表 3-24 为用 S-N-K 法组间两两比较的结果，1 组对照组和 3 组环孢素+精氨酸组在同列，与 2 组环孢素组不在同列，因此 1 组对照组和 3 组环孢素+精氨酸组之间 SOD 活性的差异无统计学意义，但与 2 组环孢素组比较的差异均有统计学意义（图 3-35）。

表 3-24　组间两两比较结果

SOD

	Group	N	Subset for alpha=0.05	
			1	2
Student-Newman-Keuls	2	9	346.456	
	3	9		369.167
	1	9		373.122
	Sig.		1.000	.570

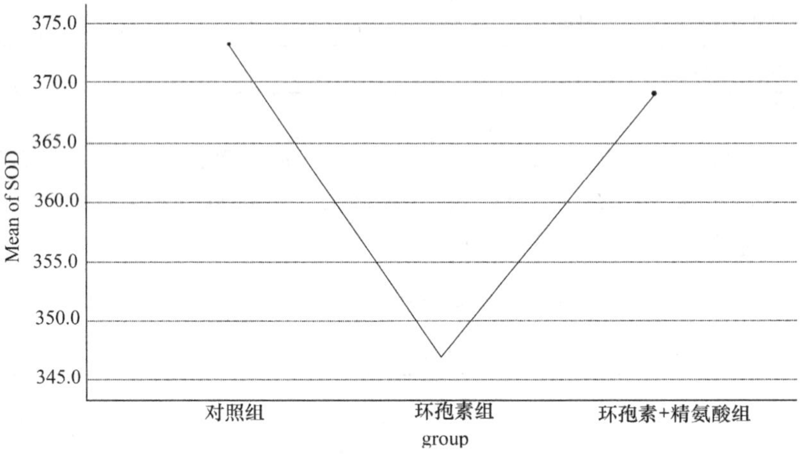

图 3-35　各组 SOD 均数比较

六、双因素方差分析（随机区组设计的多个样本均数比较）

例 3-8　按性别相同、年龄相近、病情相近把 33 个某病患者配成 11 个区组，每区组 3 个患者，分别给予 A 药、B 药和 C 药治疗，治疗后患者血浆中的 IgA（免疫球蛋白 A）含量见表 3-25。问经 3 种不同药物治疗后该病患者血浆中 IgA 含量有无差别？

表 3-25　3 种不同药物治疗后患者血浆 IgA 含量（μmol/L）

区组号	A 药	B 药	C 药	区组号	A 药	B 药	C 药
1	1.67	1.77	2.10	7	1.17	1.26	1.08
2	2.04	2.03	2.07	8	2.12	1.87	2.07
3	1.38	1.45	1.48	9	1.64	1.72	1.65
4	1.02	1.09	1.07	10	1.75	1.85	2.45
5	1.29	1.15	1.92	11	1.65	1.56	1.38
6	1.32	1.05	1.28				

问题 3-8

1. 按变量类型本例属于什么资料？
2. 这是哪种设计类型？
3. 通过什么方法来检验不同药物治疗后患者血浆中 IgA 含量有无差别？区组间 IgA 含量

有无差别？

4. 通过什么 SPSS 过程来实现？

【分析】

1. 该资料属于数值变量资料，或定量资料，或计量资料。
2. 该设计属于随机区组设计的多个样本均数比较。
3. 用双因素方差分析来检验。
4. 通过“General Linear Model”过程来实现。

【操作步骤】

1. 在“Variable”窗口定义变量“group”、“block”和“IgA”，在“Data”窗口输入数据。
2. 通过“Analyze”→“General Linear Model”→“Univariate”（图 3-36）。

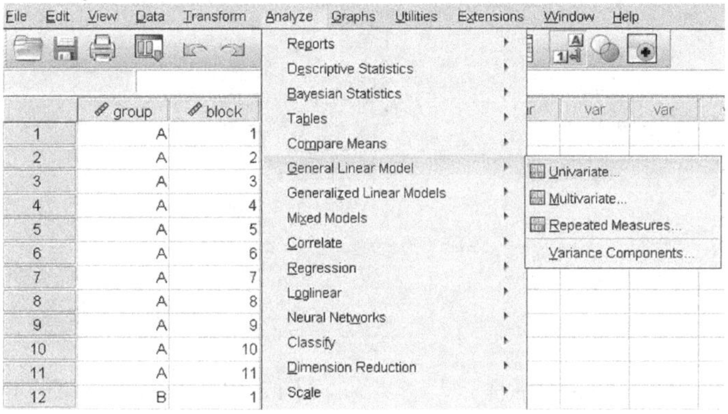

图 3-36　进入 Univariate 的路径

3. 将“IgA”作为自变量选入“Dependent Variable”列表框中，“group”和“block”作为固定变量选入“Fixed Factor（s）”列表框中（图 3-37）。

4. 在“Univariate”对话框中单击“Model”，打开如图 3-38 所示的对话框，在“Specify Model”选项中选择“Build terms”，然后将“group”和“block”两因素分别选入“Model”列表框中，单击“Continue”确认并返回。

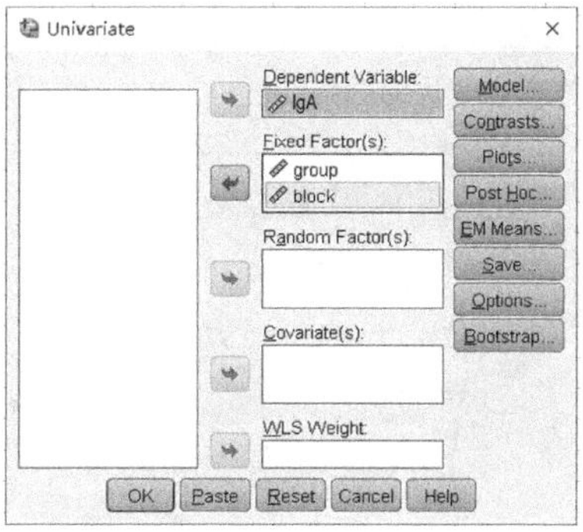

图 3-37　Univariate 对话框

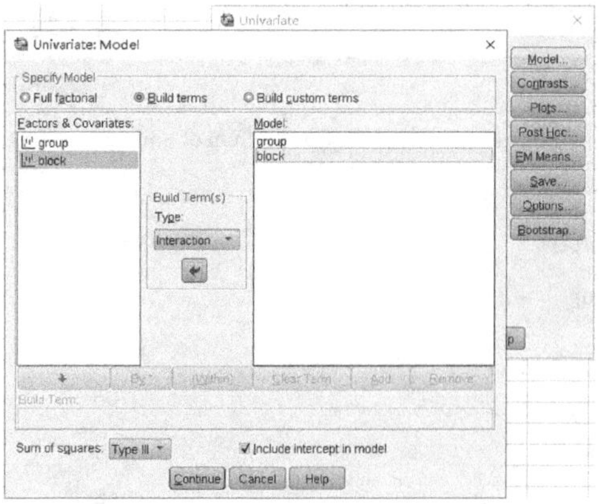

图 3-38　Univariate 下的 Model 对话框

5. 在“Univariate”对话框中单击“Options”，打开如图 3-39 所示的对话框，在其中的“Display”选项组下选择“Descriptive statistics”，然后单击“Continue”确认并返回。

6. 在“Univariate”对话框中单击“Post Hoc”，打开如图 3-40 所示的“Univariate：Post Hoc Multiple Comparisons for Observed Means”对话框。选择“group”、“block”进入“Post Hoc Tests for”列表框，然后在“Equal Variances Assumed”选项中选择 S-N-K 方法。

7. 单击“OK”执行上述操作。

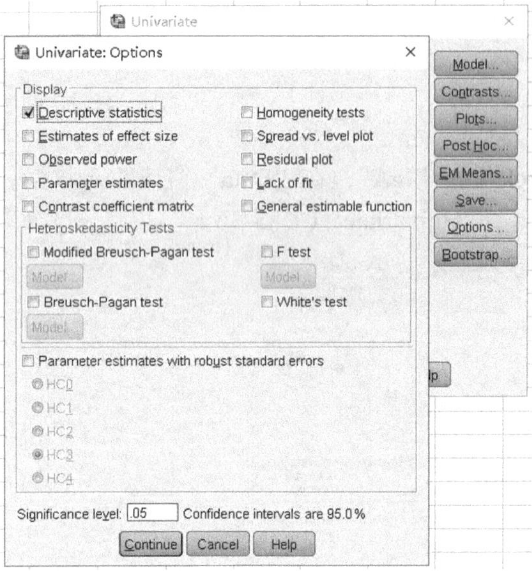

图 3-39 Univariate 下的 Options 对话框

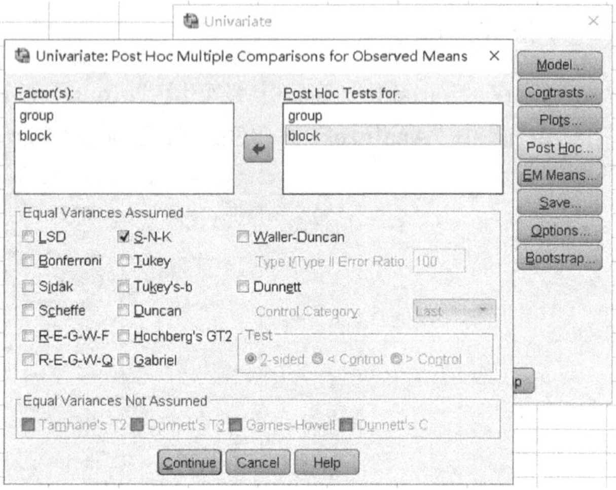

图 3-40 Univariate 下的 Post Hoc 对话框

【结果及解释】

表 3-26 为多因素方差分析表。方差分析的模型（Corrected Model）检验为 F=9.528，P=0.000，说明所用的模型有统计学意义。3 种药物治疗后患者血浆中 IgA 含量的差异无统计学意义（F=2.309，P=0.125），而不同区组间患者血浆中 IgA 含量的差异有统计学意义（F=10.972，P=0.000），多重比较结果如表 3-27 所示。

表 3-26 多因素方差分析表

Tests of Between-Subjects Effects

Source	Type Ⅲ Sum of Squares	df	Mean Square	F	Sig.
Corrected Model	4.033[a]	12	.336	9.528	.000
Intercept	83.205	1	83.205	2358.677	.000
group	.163	2	081	2.309	.125
block	3.871	10	.387	10.972	.000
Error	.706	20	.035		
Total	87.944	33			
Corrected Total	4.739	32			

a. R Squared=.851（Adjusted R Squared=.762）.

从表 3-27 可以看出，11 个区组均数按从小到大顺序分布在四列。

表 3-27　不同区组间多重比较结果

IgA

Student-Newman-Keuls

block	*N*	Subset			
		1	2	3	4
4	3	1.0600			
7	3	1.1700			
6	3	1.2167	1.2167		
3	3	1.4367	1.4367	1.4367	
5	3	1.4533	1.4533	1.4533	
11	3	1.5300	1.5300	1.5300	
9	3		1.6700	1.6700	1.6700
1	3			1.8467	1.8467
10	3				2.0167
8	3				2.0200
2	3				2.0467
Sig.		.059	.054	.094	.141

Means for groups in homogeneous subsets are displayed.

Based on observed means.

在随机区组设计的多个样本均数比较中，不同药物组这一处理因素是主要因素，区组是次要因素，目的是提高检验效率（处理因素的真实效应）。区组间有统计学差异说明区组设计用得恰当，处理因素分析结果更科学，因为排除了区组因素的混杂效应。由此可得出如下结论：处理组间 IgA 含量的差异无统计学意义，3 种药物的治疗效果无差别。

（郑　弘　陈　晋）

第四章　分类变量资料的统计分析

本章将介绍分类变量资料的统计分析，主要运用 SPSS 软件中的 Crosstabs 模块来实现。Crosstabs 即交叉表，又称列联表，是指两个及以上分类变量各水平组合的频数分布表，此过程可对二维及以上多维列联表（$R\times C$ 表）资料进行统计描述（频数分布表）和 χ^2 检验，并计算相应的百分数指标。本章将重点学习用 SPSS 进行 χ^2 检验，它是分析列联表资料常用的假设检验方法。

第一节　独立样本四格表资料的 χ^2 检验

在列联表资料中，最简单的是两行两列即 2×2 表资料，又称四格表资料。

例 4-1　某医院以自愿接受妇科门诊手术的未产妇女为观察对象，将其分为两组，手术时分别给予不同的镇痛处理，观察结果见表 4-1，请分析两种方法的镇痛效果有无差异？

表 4-1　两种镇痛方法的效果比较

分组	有效	无效	合计	有效率/%
颈麻	16（a）	10（b）	26	61.5
置栓	11（c）	4（d）	15	73.3
合计	27	14	41	65.8

问题 4-1

1. 该资料属于哪种资料类型？
2. 该研究属于哪种设计类型？
3. 该研究可通过 SPSS 中的哪个过程来实现统计分析？

【分析】

1. 该资料属于分类变量资料，或定性资料，或计数资料。
2. 该研究属于完全随机设计。
3. 通过“Crosstabs”过程来实现。

【操作步骤】

1. 建立数据库，定义变量　建立数据文件“data4-1.sav”，在“Variable View”窗口下定义分组（行变量）、是否有效（列变量）和例数（频数变量）三个变量，分组和是否有效变量的具体赋值情况可通过“Values”（变量值标签）进行进一步的定义。例如分组这一变量，赋值 1 代表颈麻组，2 代表置栓组，定义变量标签时，可以单击“Values”单元格中的…，在弹出的对话框中，“Value”处输入 1，“Label”处输入“颈麻”，单击“Add”后显示“1=颈麻”，同样操作可定义“2=置栓”（图 4-1）。同样的方法可给是否有效变量进行赋值。

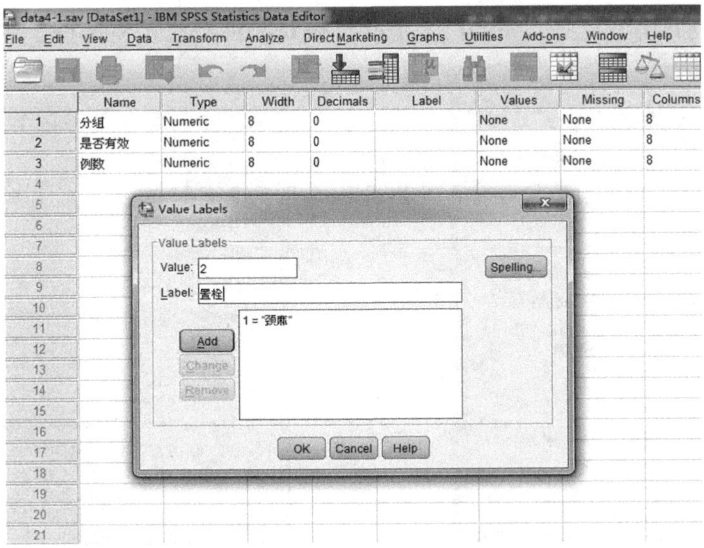

图 4-1　Value Labels 对话框

2. 对例数变量进行加权　在“Data View”窗口录入数据，单击菜单“Data”→“Weight Cases”，弹出对话框，激活“Weight cases by”并把例数变量选中，单击向右按钮，放入“Frequency Variable”下面的方框内，单击“OK”（完成如图 4-2）。

3. Crosstabs 过程

（1）单击“Analyze”→“Descriptive Statistics”→“Crosstabs”，弹出“Crosstabs”对话框，在弹出的对话框左侧的变量列表中选中“分组”变量，单击向右按钮，将“分组”放入“Row（s）”列表框内，选中“是否有效”变量，单击向右按钮，将“是否有效”放入“Column（s）”列表框内（图 4-3）。

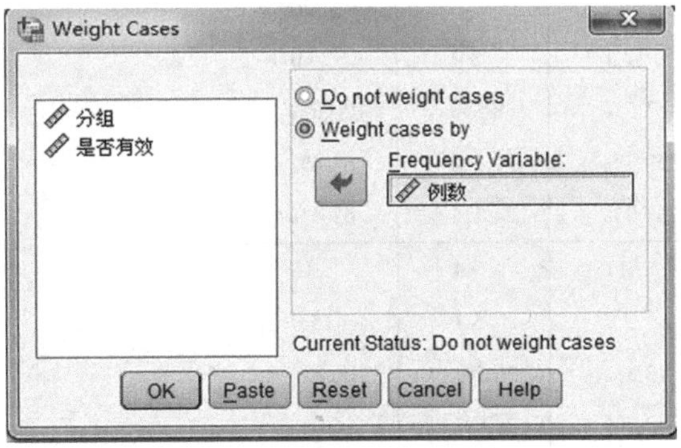

图 4-2　Weight Cases 对话框

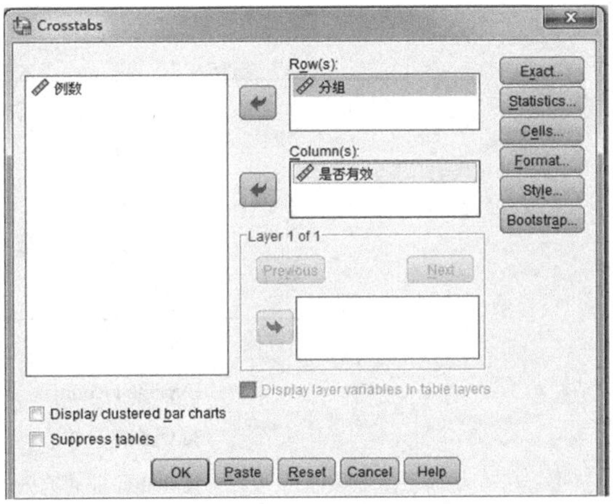

图 4-3　Crosstabs 对话框

（2）单击“Statistics”按钮，弹出对话框：选择左上角的“Chi-square”复选框，单击“Continue”按钮（图 4-4）。

（3）单击“Cells”按钮，弹出对话框：可根据结果显示的需要，选择“Observed”（显示四个格子的实际频数）、“Expected”（计算四个格子的理论频数）、“Row”（显示行百分比）、

“Column”（显示列百分比）及“Total”（显示行和列的百分比）复选框，单击“Continue”按钮（图 4-5）。

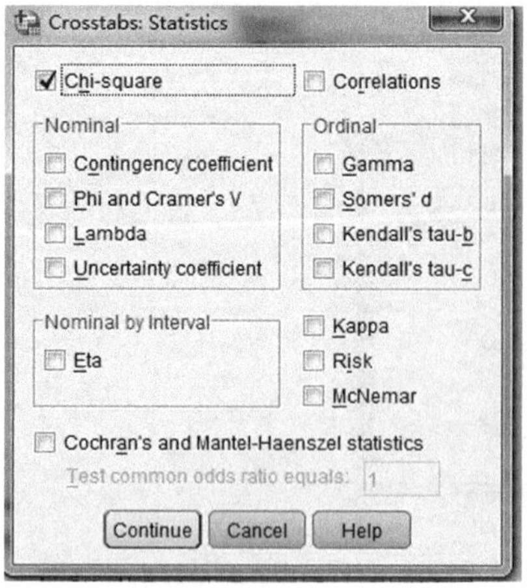

图 4-4　Crosstabs 中 Statistics 对话框

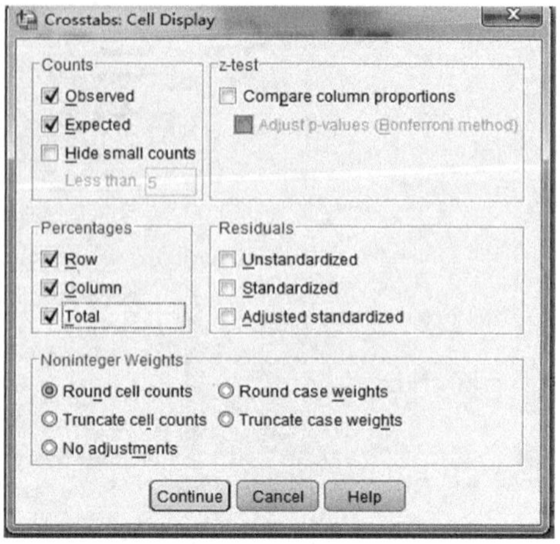

图 4-5　Crosstabs 中 Cells 对话框

（4）单击 OK 按钮，输出分析结果。

【结果及解释】

表 4-2 为频数分布表，表中“Count”为四格表中的 *a*、*b*、*c*、*d* 四个格子（具体见表 4-1）的实际发生频数，“Expected Count”为四个格子相对应的理论频数，“% within”分组即行的百分数，如颈麻的有效率为 61.5%，置栓的有效率为 73.3%。

表 4-2　频数分布表

			是否有效		
			有效	无效	Total
分组	颈麻	Count	16	10	26
		Expected Count	17.1	8.9	26.0
		% within 分组	61.5%	38.5%	100.0%
		% within 是否有效	59.3%	71.4%	63.4%
		% of Total	39.0%	24.4%	63.4%
	置栓	Count	11	4	15
		Expected Count	9.9	5.1	15.0
		% within 分组	73.3%	26.7%	100.0%
		% within 是否有效	40.7%	28.6%	36.6%
		% of Total	26.8%	9.8%	36.6%
Total		Count	27	14	41
		Expected Count	27.0	14.0	41.0
		% within 分组	65.9%	34.1%	100.0%
		% within 是否有效	100.0%	100.0%	100.0%
		% of Total	65.9%	34.1%	100.0%

表 4-3 为 χ^2 检验结果，结果中分别输出了 Pearson 卡方（Pearson Chi-Square）、连续性校正的卡方（Continuity Correction）、费希尔精确检验法（Fisher’s Exact Test）等。每种方法对应的结果有：统计值（Value）、自由度（df）、双侧近似 P 值[Asymp.Sig.（2-sided）]、双侧确切 P 值[Exact Sig.（2-sided）]和单侧确切 P 值[Exact Sig.（1-sided）]。

表 4-3　χ^2 检验结果

	Value	df	Asymp.Sig.（2-sided）	Exact Sig.（2-sided）	Exact Sig.（1-sided）
Pearson Chi-Square	.588[a]	1	.443		
Continuity Correction[b]	.181	1	.671		
Likelihood Ratio	.600	1	.439		
Fisher's Exact Test				.512	.339
Linear-by-Linear Association	.574	1	.449		
N of Valid Cases	41				

a. 0 cells（0.0%）have expected count less than 5.The minimum expected count is 5.12.

b. Computed only for a 2×2 table.

在表 4-3 的下方通过备注的形式给出了是否满足 χ^2 检验的条件。例如，在本例中，备注 a 显示“0 cells（0.0%）have expected count less than 5.The minimum expected count is 5.12.”，即没有格子理论频数小于 5，最小的期望频数为 5.12，总例数为 41 例，大于 40，满足当 $N\geqslant40$，所有 $T\geqslant5$，因此可选择 Pearson 卡方检验结果，χ^2=0.588，P=0.443，其差异无统计学意义，不可以认为两种方法的镇痛效果有差异。

当 $N\geqslant40$，任一格子 $1\leqslant T<5$ 时，选择连续性校正的卡方（Continuity Correction）检验结果；当 $N<40$ 或任一格子 $T<1$ 时，选择 Fisher's 精确概率法（Fisher's Exact Test）检验结果，该法没有统计量，只有 P 值，研究者可根据需要选择双侧 P 值[Exact Sig.（2-sided）]或单侧 P 值[Exact Sig.（1-sided）]。

在表 4-3 的下方，备注 b 显示以上结果仅适于 2×2 表即四格表资料。

第二节　配对四格表资料的 χ^2 检验

例 4-2　某实验用两种探针平行检测 134 例乙肝患者血清 HBV-DNA，结果如表 4-4，问两种探针的阳性检出率有无差别？

表 4-4　两种探针的阳性检出率结果

生物探针	P 探针		合计
	+	−	
+	45	38	83
−	19	32	51
合计	64	70	134

问题 4-2

1. 该资料属于哪种资料类型?
2. 该研究属于哪种设计类型?
3. 该研究可通过 SPSS 中的哪个过程来实现统计分析?

【分析】

1. 该资料属于分类变量资料，或计数资料，或定性资料。
2. 该设计属于配对设计。
3. 通过"Crosstabs"过程或"Nonparametric Tests"过程来实现。

【操作步骤】

1. 建立数据库，定义变量　建立数据文件"data4-2.sav"，在"Variable View"窗口下定义生物探针（行变量）、P 探针（列变量）和例数（频数变量）三个变量，生物探针和 P 探针变量的具体赋值情况可通过"Values"（变量值标签）进行，具体参照例 4-1。

2. 对例数变量进行加权　在"Data View"窗口录入数据，单击菜单"Data"→"Weight Cases"，弹出对话框，激活"Weight cases by"并把例数变量选中，单击向右按钮，放入"Frequency Variable"下面的方框内，单击"OK"（完成如图 4-6）。

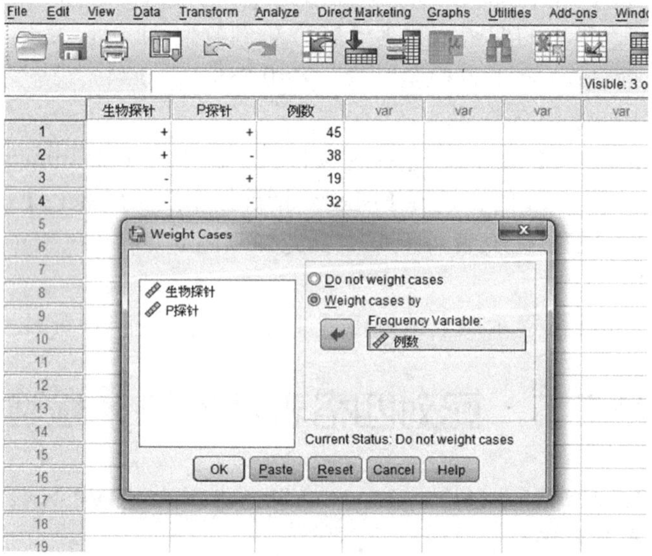

图 4-6　Weight Cases 对话框

3. Crosstabs 过程

（1）单击"Analyze"→"Descriptive Statistics"→"Crosstabs"，弹出"Crosstabs"对话框，在弹出的对话框左侧的变量列表中选中生物探针变量，单击向右按钮，将生物探针选入"Row（s）"列表框内，选中 P 探针变量，单击向右按钮，将 P 探针放入"Column（s）"列表框内（图 4-7）。

（2）单击"Statistics"按钮，弹出对话框：选择右下角的"McNemar"复选框，单击"Continue"按钮（图 4-8）。

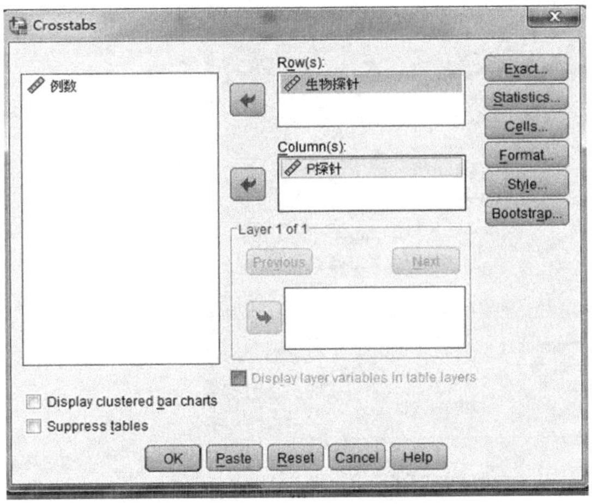

图 4-7　Crosstabs 对话框

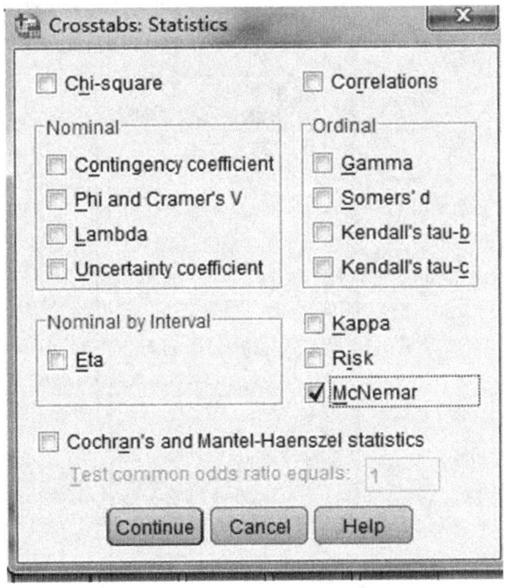

图 4-8　Crosstabs 中 Statistics 对话框

（3）单击 OK 按钮，输出分析结果。

4. Nonparametric Tests 过程

（1）单击“Analyze”→“Nonparametric Tests”→“Legacy Dialogs”→“2 Related Samples”，弹出“Two-Related-Samples Tests”对话框，然后从左边源变量窗口同时选中生物探针和 P 探针两个变量，单击向右按钮，将两个变量放入“Test Pairs”方框内，在“Test Type”下面去掉“Wilcoxon”前面的“√”，然后选中“McNemar”（图 4-9、图 4-10）。

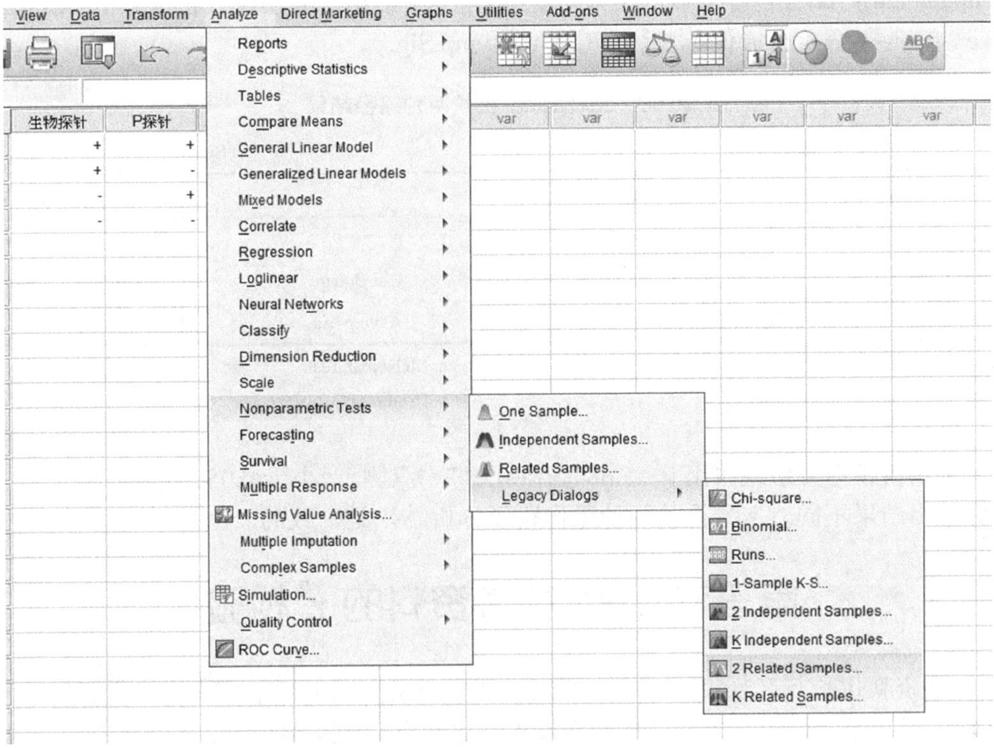

图 4-9　Two-Related-Samples Tests 路径

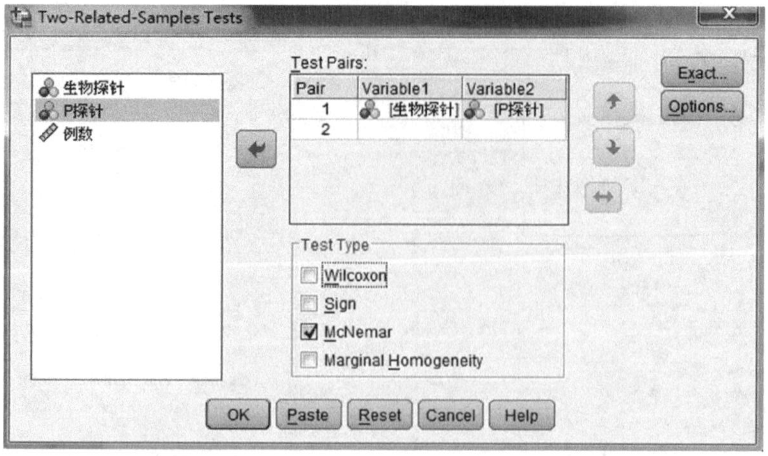

图 4-10　Two-Related-Samples Tests 对话框

（2）单击 OK 按钮，输出分析结果。

【结果及解释】

Crosstabs 过程分析的结果（表 4-5 左）是应用二项分布原理，该过程不能给出卡方值，但可以计算双侧精确概率 *P* 值[Exact Sig.（2-sided）]，适于配对设计的四格表资料。

本例题样本量 *N* 为 134 例，采用 McNemar 精确检验得出 *P*=0.016（双侧），小于 0.05，其差异有统计学意义，可认为两种检测结果不同。

Nonparametric Tests 过程分析的结果（表 4-5 右）中给出了连续性校正卡方值（Chi-Square）（当 b+c≤25 时不显示卡方值），近似 *P* 值（Asymp.Sig.）。

表 4-5　McNemar 检验两种路径结果

Chi-Square Tests

	Value	Exact Sig.（2-sided）
McNemar Test		.016[a]
N of Valid Case	134	

a. Binomial distribution used.

Test Statistics[a]

	生物探针 & P 探针
N	134
Chi-Square[b]	5.684
Asymp.Sig.	.017

a. McNemar Test.

b. Continuity Corrected.

本例采用校正卡方检验得出 χ^2=5.684，*P*=0.017（双侧），小于 0.05，差异有统计学意义，两种探针检出结果不同。卡方检验两种操作路径分析结果是一致的。

第三节　$R\times C$ 表资料的 χ^2 检验

R×*C* 表资料也称行×列表资料，主要用于两个或两个以上样本率或构成比资料的比较。

例 4-3　某省在甲、乙、丙三县进行居民甲状腺结节疾病抽样调查，具体结果见表 4-6，问三县各型甲状腺结节疾病患者构成比的差别有无显著性？

表 4-6　甲、乙、丙三县各型甲状腺结节疾病患者构成

地区	弥漫型	结节型	混合型	合计
甲县	486	2	4	492
乙县	133	260	51	444
丙县	256	176	30	462
合计	875	438	85	1398

问题 4-3

1. 该资料属于哪种资料类型？
2. 该研究属于哪种设计类型？
3. 该研究可通过 SPSS 中的哪个过程来实现统计分析？

【分析】

1. 该资料属于分类变量资料，或定性资料，或计数资料。
2. 该设计属于完全随机设计。
3. 通过“Crosstabs”过程来实现。

【操作步骤】

$R \times C$ 表资料的 χ^2 检验定义的变量有地区（行变量）、类型（列变量）和人数（频数变量）三个变量，其过程与独立样本四格表资料的 χ^2 检验相同，不再赘述。

【结果及解释】

表 4-7 为 $R \times C$ 表资料 χ^2 检验结果，其 Pearson Chi-Square 为非校正 χ^2 检验。

表 4-7　χ^2 检验结果

	Value	df	Asymp.Sig.（2-sided）
Pearson Chi-Square	488.219[a]	4	.000
Likelihood Ratio	614.544	4	.000
Linear-by-Linear Association	163.043	1	.000
N of Valid Cases	1398		

a. 0 cells（0.0%）have expected count less than 5.The minimum expected count is 27.00.

在表 4-7 的下方的备注 a 里显示了本例题所有格子的理论数均大于 5，最小理论数为 27.00，卡方值（Value）为 488.219，P 值[Asymp.Sig.（2-sided）]为 0.000（双侧），小于 0.05，差异有统计学意义，可认为三个县甲状腺疾病类型构成分布有差别。若要进一步分析彼此之间差别，可将 $R \times C$ 表分割，再进行 χ^2 检验。

（张　苗　刘艳丽）

第五章　非参数检验

非参数检验是统计分析方法的重要组成部分。前面介绍的 t 检验、F 检验等，都是假定随机样本来自某分布已知总体（如正态分布），推断两个或两个以上总体参数是否相等的方法，即参数检验（parametric test）方法。但在实际应用中，有些资料总体分布类型未知，或不符合参数检验的适用条件，此时可以考虑使用非参数检验（nonparametric test）方法。非参数检验是一种不依赖总体分布类型也不涉及总体参数，而是对总体分布进行比较的假设检验方法。非参数检验统计方法较多，本章仅介绍常用的秩和检验（rank sum test）方法。

第一节　单样本和配对样本资料的 Wilcoxon 符号秩和检验

一、单样本资料的 Wilcoxon 符号秩和检验

例 5-1　已知某地正常人尿汞值的中位数为 2.5（μg/L）。现有该地某医用仪表厂随机抽取的 12 名汞作业工人尿汞值测定资料（表 5-1）。问该厂汞作业工人尿汞值和正常人有无差异？

表 5-1　12 名汞作业工人尿汞值（μg/L）测定资料

汞作业工人编号	尿汞（μg/L）	汞作业工人编号	尿汞（μg/L）
1	1.39	7	1.63
2	1.83	8	5.06
3	17.11	9	20.31
4	3.27	10	2.58
5	18.82	11	19.77
6	20.16	12	21.62

问题 5-1

1. 按变量属性本例属于什么资料？
2. 本例属于什么设计类型？
3. 本例样本来自的总体是否服从正态分布？SPSS 如何实现资料的非参数检验统计分析？

【分析】

1. 本例属于计量资料，或定量资料，或数值变量资料。
2. 本例属于单样本设计类型或样本均数与一已知总体均数比较。
3. 本例单样本资料经正态性检验（检验水准 α 为 0.10），W 检验结果为 P=0.004，故总体不服从正态分布（$P<0.10$）。通过“Nonparametric Tests”→“One Sample”过程来实现非参数检验之单样本 Wilcoxon 符号秩和检验分析。

【操作步骤】

1. 建立数据文件“5-1.sav”（图 5-1），包含一个变量名：尿汞。

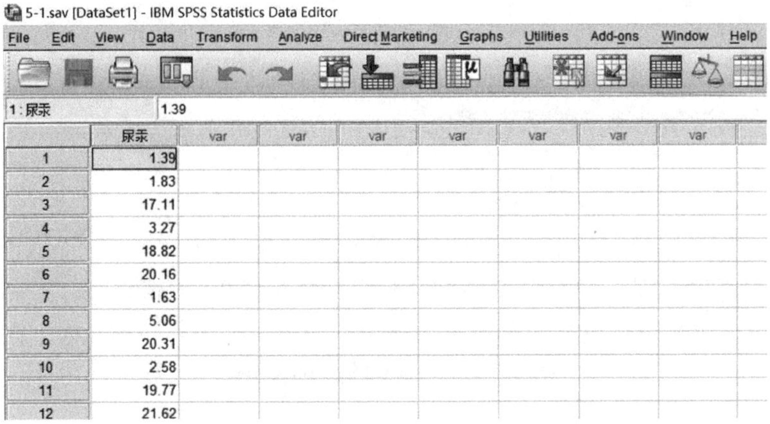

图 5-1　12 名汞作业工人尿汞值（μg/L）测定资料数据文件

2. 单击菜单栏中的“Analyze”，展开下拉菜单，将鼠标移到“Nonparametric Tests”，在其子菜单中选中“One Sample”并单击（图 5-2），弹出“One-Sample Nonparametric Tests”对话框（图 5-3）。

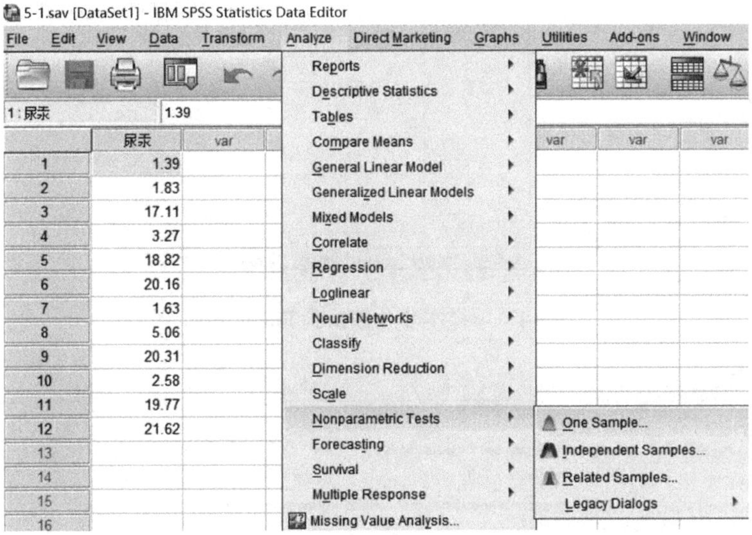

图 5-2　单样本 Wilcoxon 符号秩和检验菜单选项

3. 在单样本非参数检验“Objective”选项卡（图 5-3），系统默认第一选项“Automatically compare observed data to hypothesized”，激活第三选项“Customize analysis”（此操作也可省去，用系统默认的第一选项）。单击“Fields”进入单样本非参数检验“Fields”选项卡，由于本例为单变量数据，因此系统自动将分析变量尿汞选入“Test Fields”方框内（图 5-4）。单击“Settings”进入单样本非参数检验“Settings”选项卡，激活第二选项“Customize tests”，在“Compare median to hypothesized（Wilcoxon signed-rank test）”选项前打“√”，在“Hypothesized median”对话框内输入正常人尿汞值的中位数 2.5，单击“Run”（图 5-5），弹出对应的分析结果窗口。

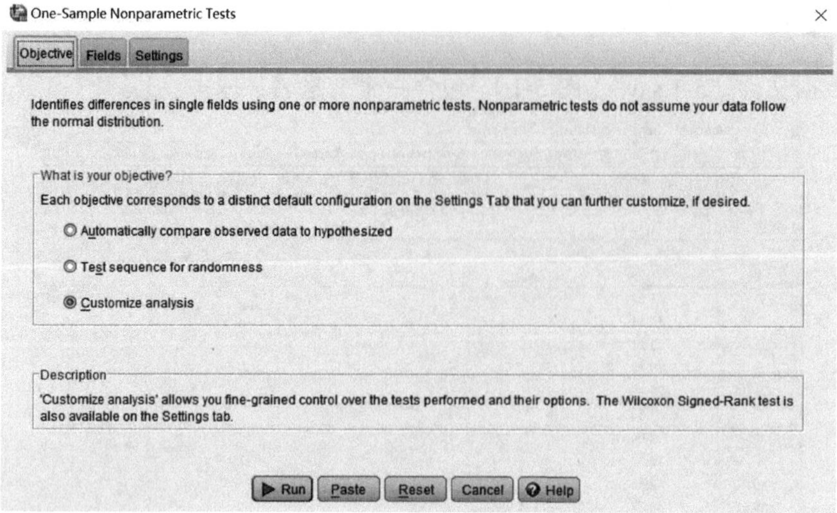

图 5-3　单样本非参数检验 Objective 界面

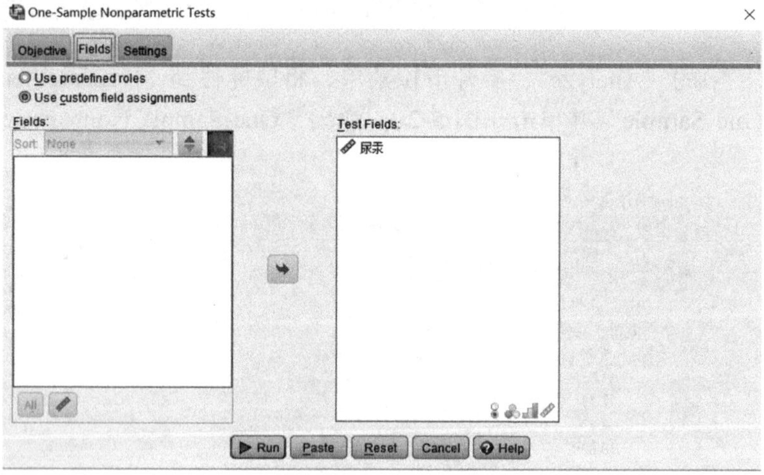

图 5-4　单样本非参数检验 Fields 界面

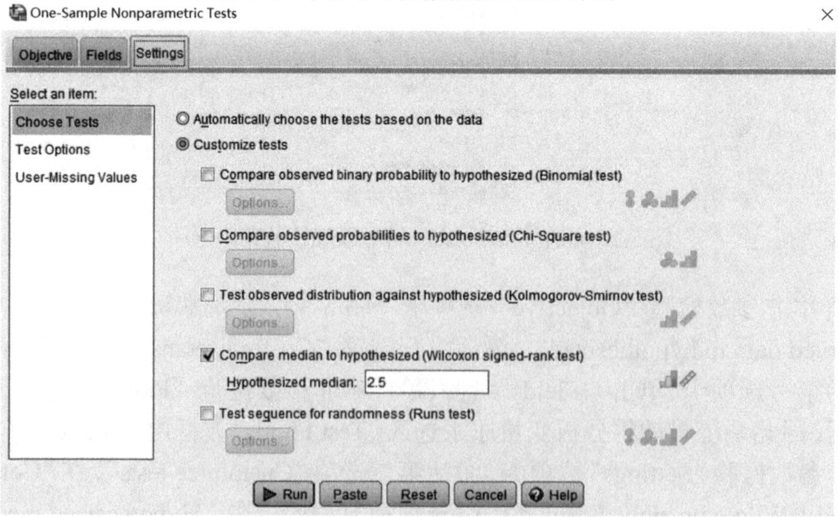

图 5-5　单样本非参数检验 Settings 界面

【结果及解释】

从表 5-2 中可以看出单样本 Wilcoxon 符号秩和检验简明结果：P=0.028（<0.05），按检验水准（α=0.05）拒绝无效假设 H_0，即该厂汞作业工人尿汞值和正常人的差异有统计学意义。在 SPSS 结果窗口，选中此表并双击可得到详细的分析结果（图 5-6）。

表 5-2　12 名汞作业工人尿汞值（μg/L）Wilcoxon 符号秩和检验结果

Hypothesis Test Summary

Null Hypothesis	Test	Sig.	Decision
1 The median of 尿汞 equals 2.500.	One-Sample Wilcoxon Signed Rank Test	.028	Reject the null hypothesis.

Asymptotic significances are displayed. The significance level is .05.

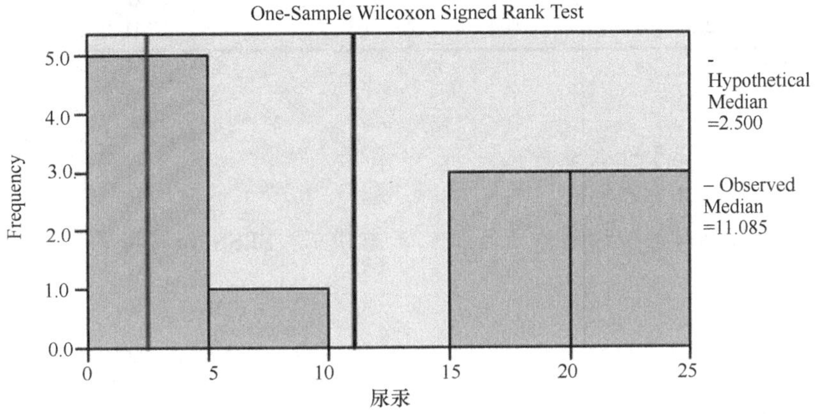

Total N	12
Test Statistic	67.000
Standard Error	12.748
Standardized Test Statistic	2.197
Asymptotic Sig. (2-sided test)	.028

图 5-6　单样本 Wilcoxon 符号秩和检验结果

由图 5-6 可以看出单样本 Wilcoxon 符号秩和检验详细结果：图中给出了已知总体的中位数(2.500)和实测样本中位数(11.085)。表格中显示出样本量 N=12，检验统计量 T=67.000，即正秩和或负秩和 T 值为 67.000（结合本例为正秩和），双侧概率 P=0.028（<0.05）。假定资料符合正态近似法条件，则表中给出了标准正态统计量 Z=2.197。综合上述结果，可认为该厂汞作业工人尿汞值和正常人有差异且差异有统计学意义，汞作业工人的尿汞值高于正常人。

二、配对样本资料的 Wilcoxon 符号秩和检验

例 5-2　用气相色谱法和二乙胺分光光度法分别测定车间空气样品中 CS_2 的含量(mg/m^3)，测定结果如表 5-3 所示。问两种方法测定结果有无差别？

表 5-3　两种方法测定车间空气中 CS_2 含量（mg/m^3）的结果

车间样品号	气相色谱法	二乙胺分光光度法	车间样品号	气相色谱法	二乙胺分光光度法
1	3.8	3.7	6	4.5	4.7
2	23.0	17.4	7	37.0	35.2
3	61.2	41.5	8	3.5	7.9
4	1.8	6.7	9	2.9	1.7
5	26.6	21.2	10	11.2	12.3

问题 5-2

1. 按变量属性本例属于什么资料？
2. 本例属于什么设计类型？
3. 本例样本资料配对差值的总体是否服从正态分布？SPSS 如何实现资料的非参数检验统计分析？

【分析】

1. 本例属于计量资料。
2. 本例属于配对设计类型。
3. 本例样本资料配对差值经正态性检验（检验水准 α 为 0.10），W 检验结果为 P=0.026（<0.10），故差值总体不服从正态分布。通过“Nonparametric Tests”→“Legacy Dialogs”→“2 Related Samples”过程来实现对非参数检验之配对 Wilcoxon 符号秩和检验的分析。

【操作步骤】

1. 建立数据文件“5-2.sav”（图 5-7），包含两个变量名：气相色谱法、二乙胺分光光度法。

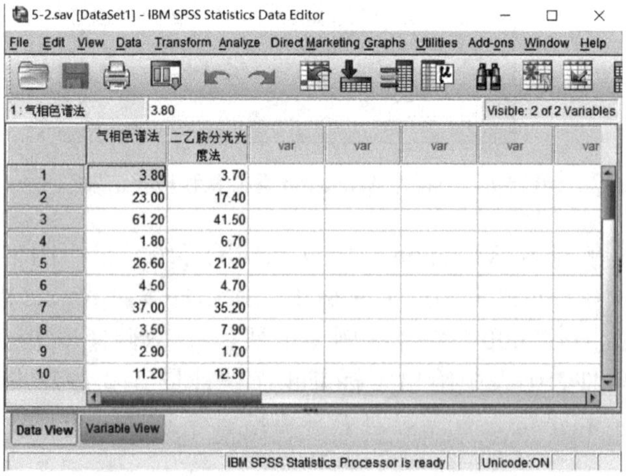

图 5-7　两种方法测定车间空气中 CS_2 含量（mg/m^3）数据文件

2. 单击菜单栏中的“Analyze”，展开下拉菜单，将鼠标指针移到“Nonparametric Tests”显示出下一级子菜单，继续移动鼠标指针到该级子菜单“Legacy Dialogs”显示出下一级子菜单，在该级子菜单中选中“2 Related Samples”并单击(图 5-8)，弹出“Two-Related-Samples Tests”对话框。

3. 在对话框左侧的变量方框内选中“气相色谱法”，单击按钮“ ”，然后选中“二乙胺分光光度法”，单击按钮“ ”，将两个变量分别选入“Test Pairs”变量列表 Pair1 的“Variable1”和“Variable2”中。“Test Type”中系统默认选项“Wilcoxon”(已勾选)，单击“OK”(图 5-9)，弹出对应的分析结果窗口。

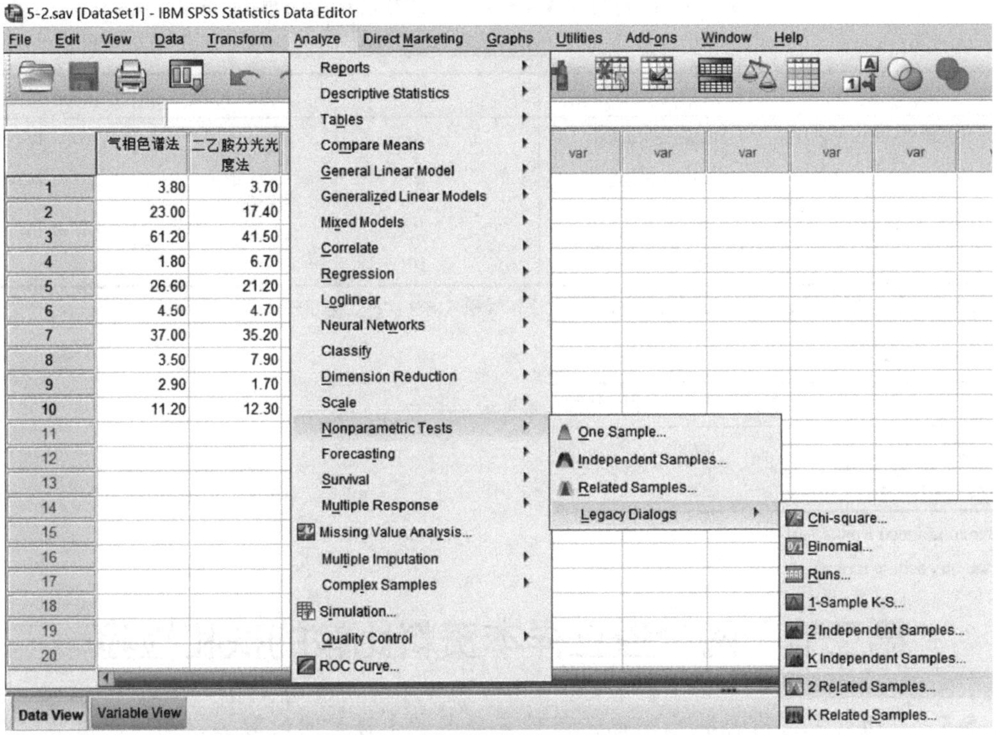

图 5-8　配对样本 Wilcoxon 符号秩和检验菜单选项

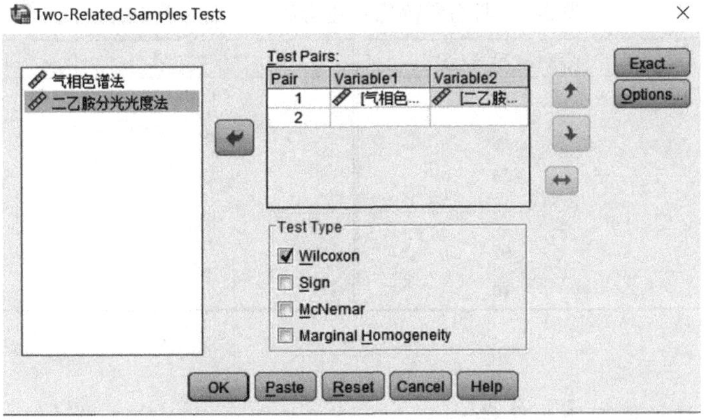

图 5-9　配对样本 Wilcoxon 符号秩和检验“Two-Related-Samples Tests”界面

【结果及解释】

从表 5-4 中可以看出 Ranks 是配对样本 Wilcoxon 符号秩和检验的统计描述结果：样本含量（N）、均秩（Mean Rank）和秩和（Sum of Ranks）。本例统计描述结果：差值为负的对子数为 6，平均秩次为 6.17，负秩和为 37.00；差值为正的对子数为 4，平均秩次为 4.50，正秩和为 18.00；差值为 0 的对子数为 0。Test Statistics 是统计推断结果：Z 检验统计量和双侧 P 值。本例统计推断结果：Z=–0.968，P=0.333（P>0.05），可见其差异无统计学意义，故尚不能认为两种方法测定 CS_2 的含量（mg/m^3）有差别。

表 5-4　配对样本 Wilcoxon 符号秩和检验结果

Ranks

		N	Mean Rank	Sum of Ranks
二乙胺分光光度法-气相色谱法	Negative Ranks	6[a]	6.17	37.00
	Positive Ranks	4[b]	4.50	18.00
	Ties	0[c]		
	Total	10		

a. 二乙胺分光光度法<气相色谱法。b. 二乙胺分光光度法>气相色谱法。c. 二乙胺分光光度法=气相色谱法。

Test Statistics[a]

	二乙胺分光光度法-气相色谱法
Z	–.968[b]
Asymp. Sig.（2-tailed）	.333

a. Wilcoxon Signed Ranks Test.

b. Based on positive ranks.

第二节　两个独立样本资料比较的秩和检验

例 5-3　某研究观察有无淋巴细胞转移对胃癌患者生存时间的影响，两组患者胃癌生存时间（月）资料（表 5-5），问两组胃癌患者的生存时间有无差别？

表 5-5　两组胃癌患者生存时间（月）资料

有淋巴细胞转移组	无淋巴细胞转移组	有淋巴细胞转移组	无淋巴细胞转移组
5	12	14	19
8	16	39	79
6	63	43	70
12	55	11	15
9	67		36
17	10		13

问题 5-3

1. 按变量属性本例属于什么资料？
2. 本例属于什么设计类型？

3. 本例样本来自的总体是否服从正态分布？是否服从方差齐性？SPSS 如何实现资料的非参数检验统计分析？

【分析】

1. 本例属于计量资料。

2. 本例属于两个独立样本的成组设计类型。

3. 本例两个独立样本资料进行正态性检验（检验水准 α 为 0.10），W 检验结果：有淋巴细胞转移组 P=0.005（<0.10）；无淋巴细胞转移组 P=0.026（<0.10）。两个独立样本方差齐性检验（检验水准 α 为 0.10）结果：F=13.445，P=0.002（<0.10）。因此，两个样本来自的总体均不服从正态分布且两总体的方差不齐。通过“Nonparametric Tests”→“Legacy Dialogs”→“2 Independent Samples”过程来实现对非参数检验之秩和检验（Wilcoxon 法）的分析。

【操作步骤】

1. 建立数据文件“5-3.sav”（图 5-10），包含两个变量名：生存时间、分组。

2. 单击菜单栏中的“Analyze”，展开下拉菜单；将鼠标指针移到“Nonparametric Tests”显示出下一级子菜单，继续移动鼠标指针到该级子菜单“Legacy Dialogs”，显示出下一级子菜单，在该级子菜单中选中“2 Independent Samples”并单击（图 5-11），弹出“Two-Independent-Samples Tests”对话框（图 5-12）。

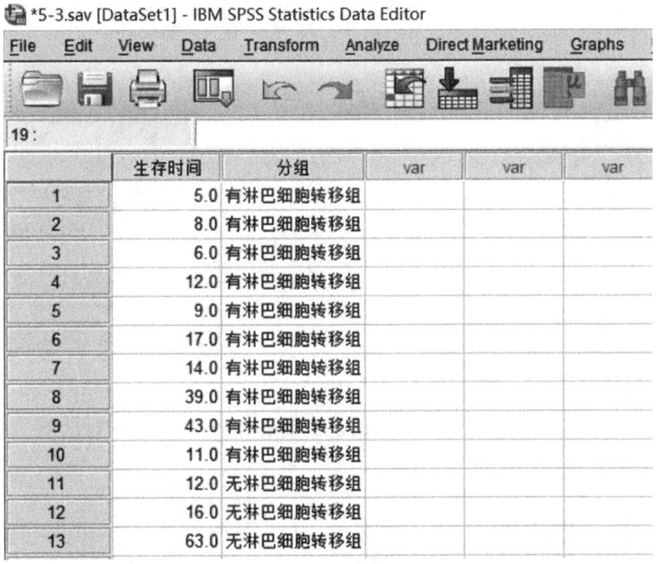

图 5-10　两组胃癌患者生存时间（月）数据文件

3. 在对话框左侧的变量列表中选中“生存时间”，单击按钮“”，选入“Test Variable List”中；再选中“分组”，单击按钮“”，放入“Grouping Variable”中，此时“Define Groups”被激活（图 5-12）。

4. 单击“Define Groups”弹出定义分组变量对话框，在“Group 1”中输入 1，在“Group 2”中输入 2，单击“Continue”。“Test Type”中系统默认选项“Mann-Whitney U”（已勾选），单击“OK”（图 5-13），弹出对应的分析结果窗口。

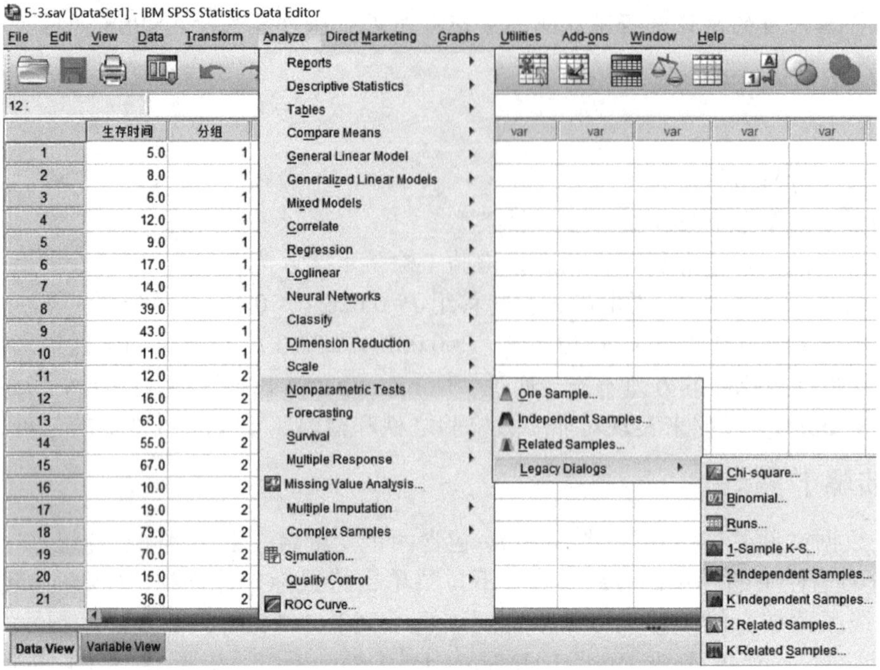

图 5-11　两个独立样本比较的秩和检验菜单选项

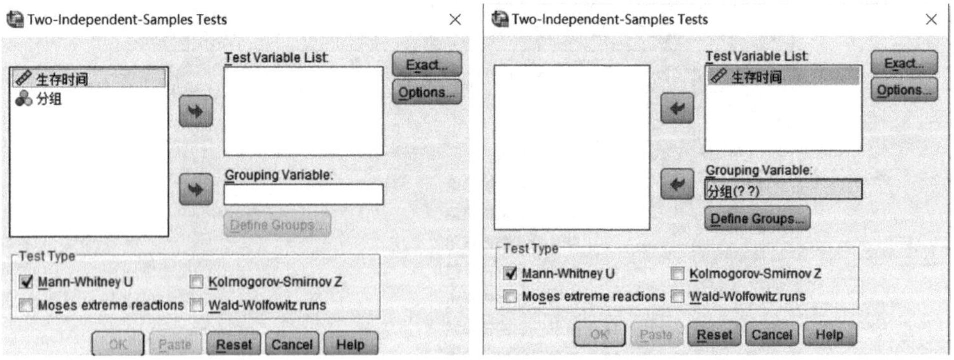

（a）　　　　　　（b）

图 5-12　秩和检验 Two-Independent-Samples Tests 对话框

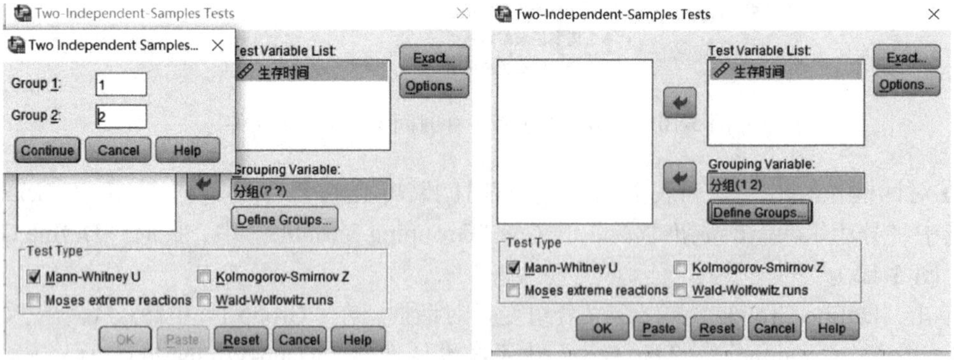

（a）　　　　　　（b）

图 5-13　两个独立样本比较的秩和检验 Define Groups 对话框

【结果及解释】

从表 5-6 中可以看出 Ranks 是两个独立样本比较的 Wilcoxon 秩和检验的统计描述结果：样本含量（*N*）、均秩（Mean Rank）和秩和（Sum of Ranks）。本例统计描述结果为：有淋巴细胞转移组 10 例，平均秩次为 7.95，秩和为 79.50；无淋巴巴细胞转移组 12 例，平均秩次为 14.46，秩和为 173.50。Test Statistics 是统计推断结果：3 种检验统计量值及 *P* 值，包括 Mann-Whitney U 统计量（*U*）、Wilcoxon W（*W*）统计量、*Z* 检验统计量（*Z*）以及双侧近似 *P* 值（Asymp.Sig.）和确切 *P* 值（Exact Sig.）。

表 5-6　两个独立样本比较的秩和检验（Wilcoxon 法）结果

Ranks

分组		*N*	Mean Rank	Sum of Ranks
生存时间	有淋巴细胞转移组	10	7.95	79.50
	无淋巴细胞转移组	12	14.46	173.50
	Total	22		

Test Statistics[a]

	生存时间
Mann-Whitney U	24.500
Wilcoxon W	79.500
Z	–2.341
Asymp. Sig.（2-tailed）	.019
Exact Sig. [2*（1-tailed Sig.）]	0.17[b]

a. Grouping Variable：分组.

b. Not corrected for ties.

本例两个独立样本比较的 Wilcoxon 秩和检验结果：W=79.500，Z=–2.341，双侧 P=0.019（注意：这里取近似 *P* 值），$P<0.05$，其差异有统计学意义。可认为两组患者的生存时间有差别，而且无淋巴巴细胞转移组患者生存时间比有淋巴巴细胞转移组相对较长。

第三节　多个独立样本资料比较的秩和检验

例 5-4　监测某地大气中 SO_2 浓度（μg/m³），某年 3 月份各功能区采样点监测资料（表 5-7）。问各功能区 SO_2 日均浓度有无差别？

表 5-7　某年某地 3 月份 SO_2 日均浓度（μg/m³）资料

商业区	工业区	居民区	商业区	工业区	居民区
613	290	357	615	376	236
631	266	325	302	957	218
602	834	478	287	923	209
265	598	416		176	203
688	213	233		227	223

问题 5-4

1. 按变量属性本例属于什么资料？

2. 本例属于什么设计类型？

3. 本例样本来自的总体是否服从正态分布？是否具有方差齐性？SPSS 如何实现资料的非参数检验统计分析？

【分析】

1. 本例属于计量资料。

2. 本例属于多个独立样本的成组设计类型。

3. 本例多个样本资料经正态性检验（检验水准 α 为 0.10），W 检验结果：商业区组 P=0.014（<0.10）；工业区组 P=0.033（<0.10）；居民区组 P=0.032（<0.10）。多样本方差齐性检验（检验水准 α 为 0.10）结果：统计量为 13.325，P=0.000（<0.10）。因此，本例多个样本来自的总体均不服从正态分布且各总体的方差不齐，通过“Nonparametric Tests”→“Legacy Dialogs”→“K Independent Samples”过程来实现非参数检验之秩和检验（Kruskal-Wallis 法）分析。

【操作步骤】

1. 建立数据文件“5-4.sav”（图 5-14），包含两个变量名：SO_2浓度、分组。

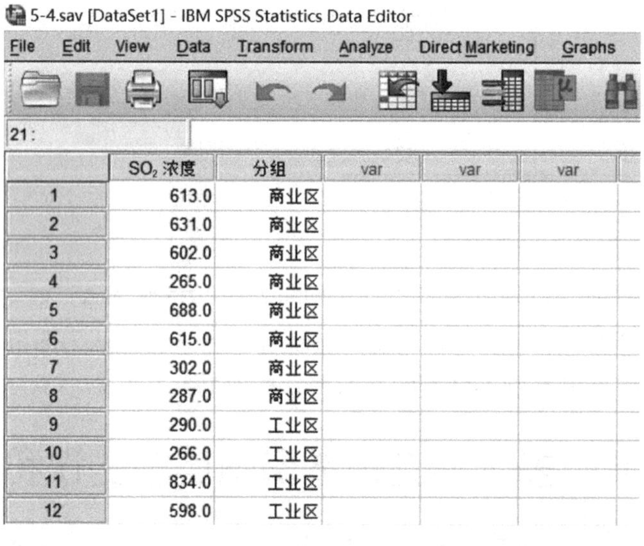

	SO_2 浓度	分组	var	var	var
1	613.0	商业区			
2	631.0	商业区			
3	602.0	商业区			
4	265.0	商业区			
5	688.0	商业区			
6	615.0	商业区			
7	302.0	商业区			
8	287.0	商业区			
9	290.0	工业区			
10	266.0	工业区			
11	834.0	工业区			
12	598.0	工业区			

图 5-14　各功能区 SO_2 日均浓度（$\mu g/m^3$）资料数据文件

2. 单击菜单栏中的“Analyze”，展开下拉菜单，将鼠标指针移到“Nonparametric Tests”显示出下一级子菜单，继续移动鼠标指针到该级子菜单“Legacy Dialogs”，显示出下一级子菜单，在该级子菜单中选中“K Independent Samples”并单击（图 5-15），弹出“Tests for Several Independent Samples”对话框（图 5-16）。

3. 在对话框左侧的变量列表中选中“SO_2浓度”，单击按钮放入“Test Variable List”中，选中“分组”，单击按钮放入到“Grouping Variable”中，此时“Define Range”被激活。单击“Define Range”弹出对话框，在“Minimum”输入 1，在“Maximum”输入 3，单击“Continue”。“Test Type”中系统默认选项“Kruskal-Wallis H”（已勾选），单击“OK”（图 5-16），弹出对

应的分析结果窗口。

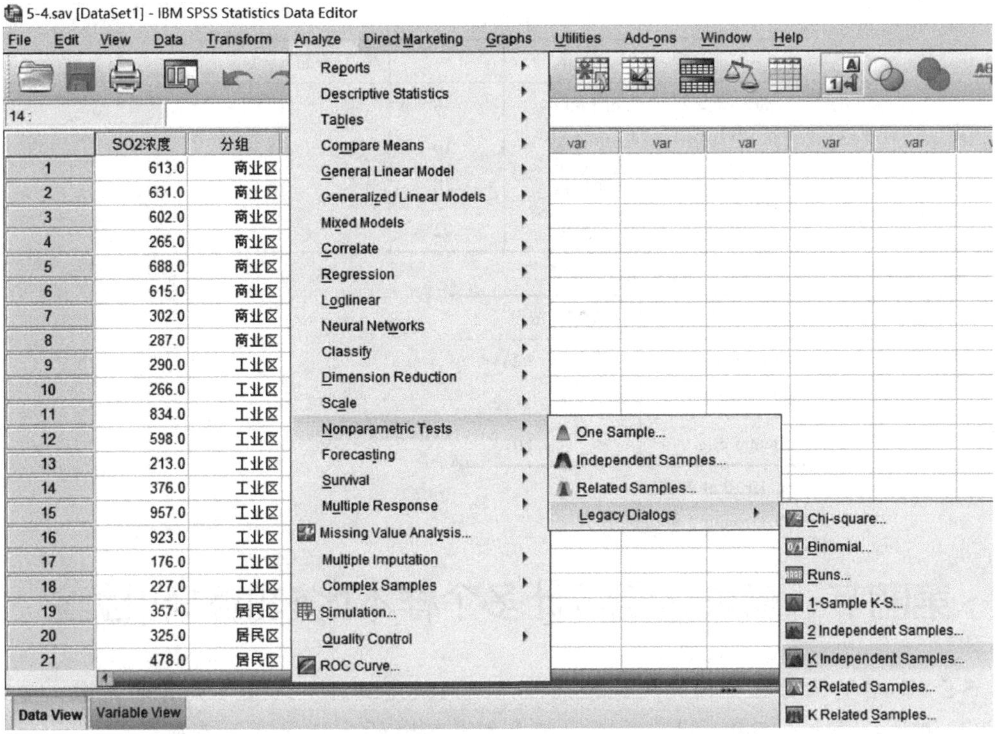

图 5-15 多个独立样本比较的秩和检验菜单选项

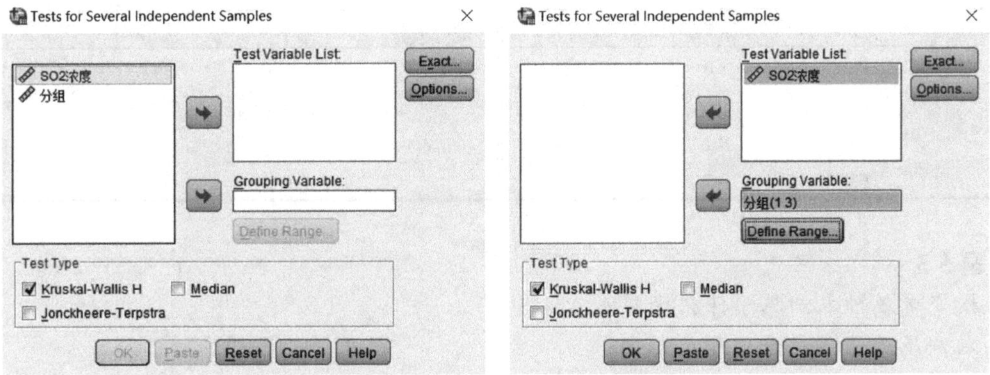

图 5-16 秩和检验 Tests for Several Independent Samples 对话框

【结果及解释】

从表 5-8 中可以看出 Ranks 是多个独立样本比较的秩和检验统计描述结果：样本含量(N)、均秩（Mean Rank）。本例统计描述结果：商业区组 8 例，平均秩次为 18.88；工业区组 10 例，平均秩次为 15.40；居民区组 10 例，平均秩次为 10.10。Test Statistics 是统计推断结果：Kruskal-Wallis H 检验统计量 χ^2（chi-square）、自由度（df）及双侧 P 值 Asymp.Sig.。本例 H 检验结果：χ^2=5.244，df=2，P=0.073（>0.05），各组间差异无统计学意义，尚不能认为各功能区 SO_2 日均浓度有差别。

表 5-8 多个独立样本比较的秩和检验（Kruskal-Wallis 法）结果

Ranks

	分组	N	Mean Rank
SO_2浓度	商业区	8	18.88
	工业区	10	15.40
	居民区	10	10.10
	Total	22	

Test Statistics[a, b]

	SO_2浓度
Chi-Square	5.244
df	2
Asymp. Sig.	0.073

a. Kruskal Wallis Test.

b. Grouping Variable：分组.

第四节 随机区组设计多个样本比较的秩和检验

例 5-5 7 名受试对象在相同的试验条件下分别接受三种不同频率声音的刺激，受试者反应率（%）测试数据见表 5-9，问三种不同频率声音刺激的反应率有无差别？

表 5-9 7 名受试者三种不同频率声音刺激的反应率（%）

受试者号	频率 A	频率 B	频率 C	受试者号	频率 A	频率 B	频率 C
1	8.3	8.0	7.5	5	11.6	12.7	11.1
2	8.4	9.6	11.3	6	8.6	9.8	8.0
3	9.4	9.1	11.4	7	8.9	9.0	10.6
4	9.8	8.7	10.2				

问题 5-5

1. 按变量属性本例属于什么资料？

2. 本例属于什么设计类型？

3. 本例样本来自的总体是否服从正态分布？是否具有方差齐性？SPSS 如何实现资料的非参数检验统计分析？

【分析】

1. 本例属于计量资料。

2. 本例属于随机区组设计类型。

3. 本例各处理组样本资料经正态性检验（检验水准 α 为 0.10），W 检验结果：频率 A 组 P=0.099（<0.10），频率 B 组 P=0.068（<0.10），频率 C 组 P=0.059（<0.10）。本例多样本方差齐性检验（检验水准 α 为 0.10）结果：统计量为 0.494，P=0.618（>0.10）。因此，各组总体均不服从正态分布但各总体方差齐。通过“Nonparametric Tests”→“Legacy Dialogs”→“K Related

Samples”过程来实现对非参数检验之秩和检验（Friedman 法）的分析。

【操作步骤】

1. 建立数据文件“data5-5.sav”（图 5-17），包含 3 个变量名：频率 A、频率 B、频率 C。

2. 单击菜单栏中的“Analyze”，展开下拉菜单，将鼠标指针移到“Nonparametric Tests”显示出下一级子菜单，继续移动鼠标指针到该级子菜单“Legacy Dialogs”，显示出下一级子菜单，在该级子菜单中选中“K Related Samples”并单击（图 5-18），弹出“Tests for Several Related Samples”对话框（图 5-19）。

3. 在对话框左侧的变量列表中同时选中变量频率 A、频率 B、频率 C，单击按钮放入 Test Variables 方框中，“Test Type”中系统默认选项“Friedman”（已勾选），单击“OK”（图 5-19），弹出相应的分析结果窗口。

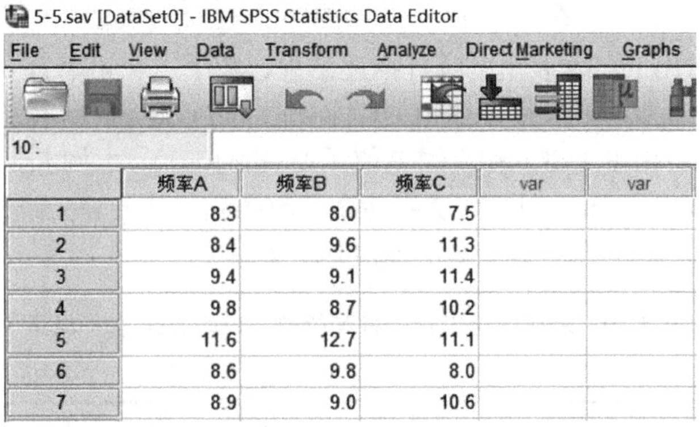

图 5-17　三种不同频率声音刺激的反应率（%）数据文件

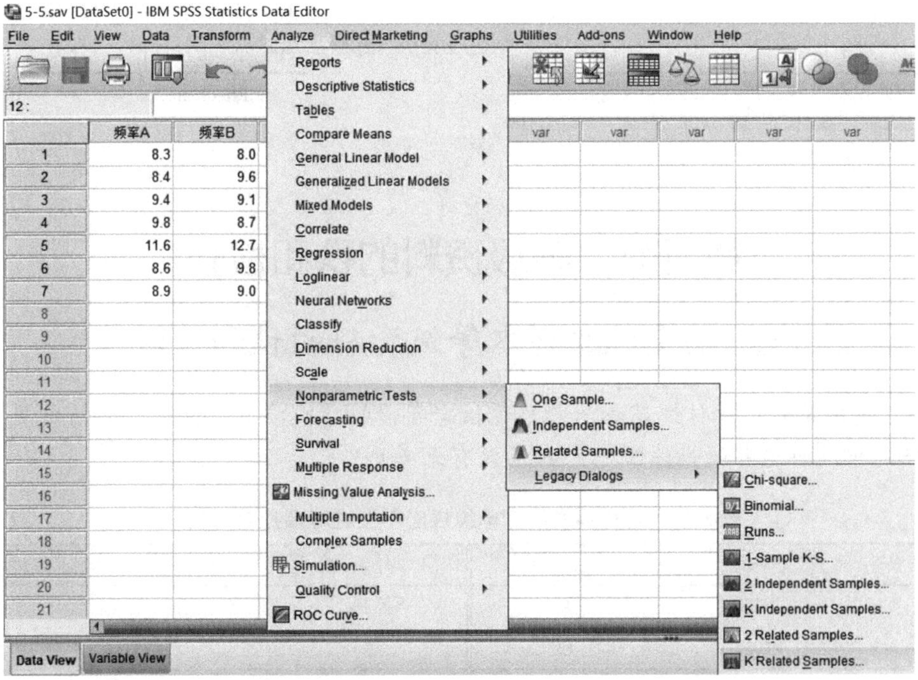

图 5-18　随机区组设计秩和检验菜单选项

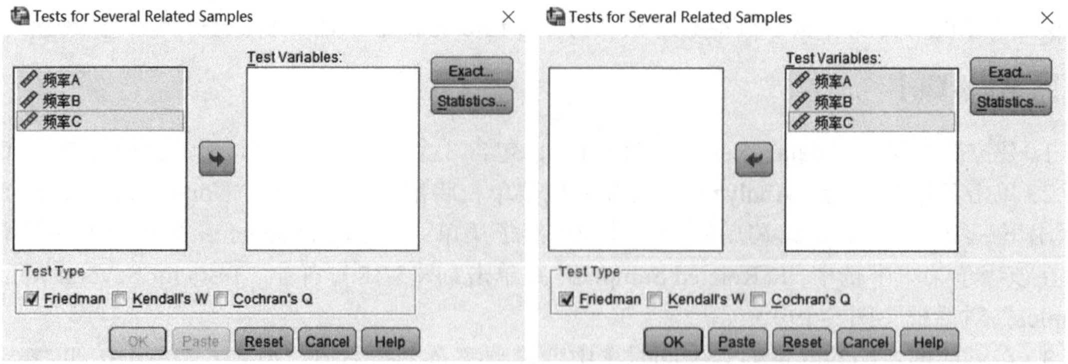

图 5-19　秩和检验 Tests for Several Related Samples 对话框

【结果及解释】

从表 5-10 中可以看出 Ranks 表里的统计描述结果，频率 A、频率 B 及频率 C 三组均秩依次为：1.86、2.00、2.14。Test Statistics 是多个相关样本比较的 Friedman M 检验结果：样本含量（N）、统计量（Chi-Square）、自由度（df）和双侧 P 值（Asymp.Sig.）。本例 Friedman M 检验结果：检验统计量（Chi-Square）$\chi^2=0.286$，df=2，$P=0.867$（>0.05），其差异无统计学意义。因此，尚不能认为受试对象对三种不同频率声音刺激的反应率有差异。

表 5-10　随机区组设计的秩和检验（Friedman 法）结果

Ranks

	Mean Rank
频率 A	1.86
频率 B	2.00
频率 C	2.14

Test Statistics[a]

N	7
Chi-Square	.286
df	2
Asymp. Sig.	.867

a. Friedman Test.

（刘长俊　李飞峰）

第五节　等级资料的秩和检验

一、两个独立样本等级资料的秩和检验

例 5-6　使用某新药和传统药物治疗单纯性老年慢性哮喘疾病，两种药物疗效见表 5-11，问两种药物对单纯性老年慢性哮喘患者的疗效有无差别？

表 5-11　两种药物治疗单纯性老年慢性哮喘疗效比较

疗效	新药	传统药物	疗效	新药	传统药物
无效	3	8	控制	36	42
有效	15	13			

问题 5-6

1. 按变量属性本例属于什么资料？该资料有什么特点？

2. 本例资料属于什么设计类型？

3. 本例资料的统计分析能否用 χ^2 检验？为什么？χ^2 检验与非参数检验结果有什么区别？SPSS 如何实现资料的非参数检验统计分析？

【分析】

1. 本例属于等级资料。等级资料具有半定量半定性的属性，也称有序变量或半定量资料。

2. 本例属于两个独立样本的成组设计类型。

3. 本例不适宜用 χ^2 检验，因为行×列表的 χ^2 检验与等级资料的排序无关，无论各等级频数怎么互换，所得 χ^2 值皆不变。χ^2 检验只能比较两组各等级构成比是否有差异，损失了有序指标包含的“等级”信息，而秩和检验则考虑了等级资料的排序，用来比较本例的两组疗效更加合理。通过“Nonparametric Tests”→“Legacy Dialogs”→“2 Independent Samples”过程来实现非参数检验之秩和检验（Wilcoxon 法）分析。

【操作步骤】

1. 建立数据文件“data5-6.sav”（图 5-20），包含 3 个变量名：分组、疗效、频数。

2. 对“频数”变量加权。

单击菜单栏中的“Data”，展开下拉菜单，选中“Weight Cases”并单击，弹出相应对话框，单击“Weight cases by”，此时“Frequency Variable”被激活。在左边变量列表中选中频数，单击按钮选入“Frequency Variable”中，单击“OK”（图 5-21）。

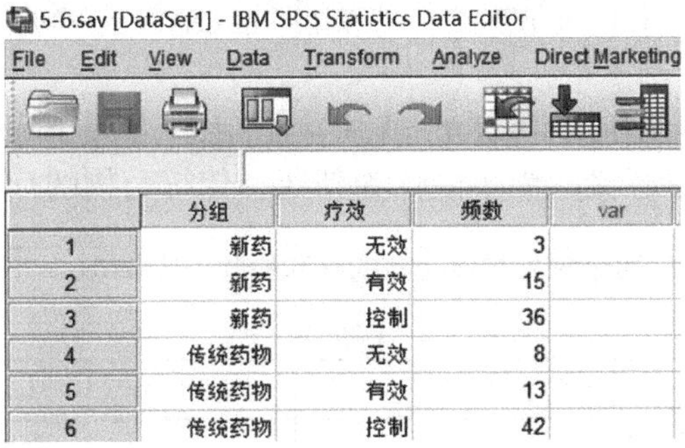

	分组	疗效	频数	var
1	新药	无效	3	
2	新药	有效	15	
3	新药	控制	36	
4	传统药物	无效	8	
5	传统药物	有效	13	
6	传统药物	控制	42	

图 5-20 两种药物治疗单纯性老年慢性哮喘疗效数据文件

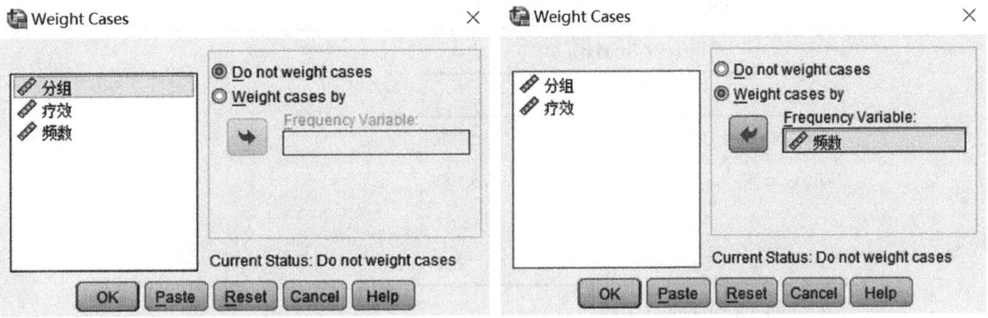

图 5-21 对“频数”变量加权界面

3. Analyze→Nonparametric Tests →Legacy Dialogs→ 2 Independent Samples

此处操作与两个独立样本秩和检验类似。单击菜单栏中的“Analyze”，展开下拉菜单；将鼠标指针移到“Nonparametric Tests”显示出下一级子菜单，继续移动鼠标指针到该级子菜单“Legacy Dialogs”，显示出下一级子菜单，在该级子菜单中选中“2 Independent Samples”并单击，弹出“Two-Independent-Samples Tests”对话框。在对话框左侧的变量列表中选中“疗效”，单击按钮，选入“Test Variable List”中；再选中“分组”，单击按钮，选入“Grouping Variable”中，此时“Define Groups”被激活。单击“Define Groups”弹出定义分组变量对话框，“Group 1”输入 1，“Group 2”输入 2，单击“Continue”。“Test Type”中系统默认选项“Mann-Whitney U”（已勾选），单击“OK”（图 5-22），弹出对应的分析结果窗口。

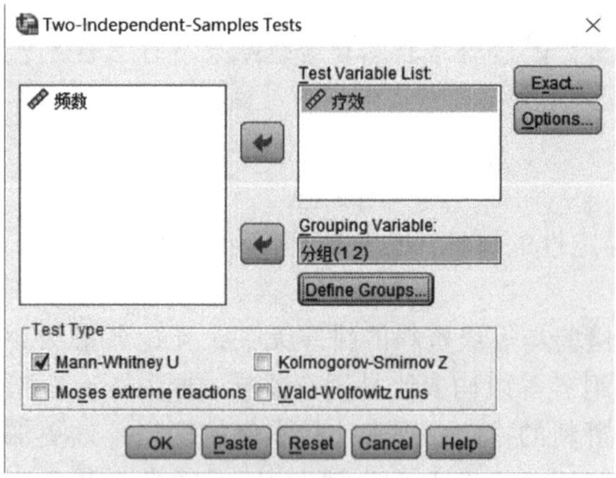

图 5-22 两种药物治疗单纯性老年慢性哮喘疗效比较的秩和检验界面

【结果及解释】

从表 5-12 中可以看出 Ranks 是两个独立样本比较的 Wilcoxon 秩和检验的统计描述结果：样本含量（*N*）、均秩（Mean Rank）和秩和（Sum of Ranks）。本例统计描述结果：新药组共 54 例，其平均秩次为 59.75，秩和为 3226.50；传统药物组共 63 例，其平均秩次为 58.36，秩和为 3676.50。Test Statistics 是统计推断结果：三种检验统计量值（Mann-Whitney U、Wilcoxon W、*Z*）及双侧 *P* 值。

本例两个独立样本比较的 Wilcoxon 秩和检验结果：W=3676.500，Z=−0.267，P=0.790（＞0.05），其差异无统计学意义，尚不能认为新药和传统药物的疗效有差别。

表 5-12 两个独立样本比较的秩和检验（Wilcoxon 法）结果

Ranks

	分组	*N*	Mean Rank	Sum of Ranks
疗效	新药	54	59.75	3226.50
	传统药物	63	58.36	3676.50
	Total	117		

Test Statistics[a]

	疗效
Mann-Whitney U	1660.500
Wilcoxon W	3676.500
Z	−.267
Asymp. Sig.（2-tailed）	.790

a. Grouping Variable：分组.

二、多个独立样本等级资料的秩和检验

例 5-7 测得某中药对新型冠状病毒肺炎轻型、重型和危重型三种不同病情类型患者的血清病毒抗体滴度倒数的频数资料（表 5-13）。问三种类型患者血清病毒抗体滴度有无差别？

表 5-13 三种病情类型患者血清病毒抗体滴度倒数的频数资料

病情类型	抗体滴度倒数			
	<30	30～	60～	≥90
轻型	10	16	24	19
重型	18	21	20	8
危重型	21	17	18	4

问题 5-7

1. 按变量属性本例属于什么资料？
2. 本例资料属于什么设计类型？
3. 本例资料的统计分析能否用 χ^2 检验？为什么？χ^2 检验与非参数检验结果有什么区别？SPSS 如何实现资料的非参数检验统计分析？

【分析】

1. 本例属于等级资料。
2. 本例属于多个独立样本的成组设计类型。
3. 本例不适宜用 χ^2 检验，原因同前（见“两个独立样本等级资料的秩和检验”）。通过“Nonparametric Tests”→“Legacy Dialogs”→“K Independent Samples”过程来实现非参数检验之秩和检验（Kruskal-Wallis 法）分析。

【操作步骤】

1. 建立数据文件“5-7.sav”（图 5-23），包含 3 个变量名：病情类型、抗体滴度倒数、频数。

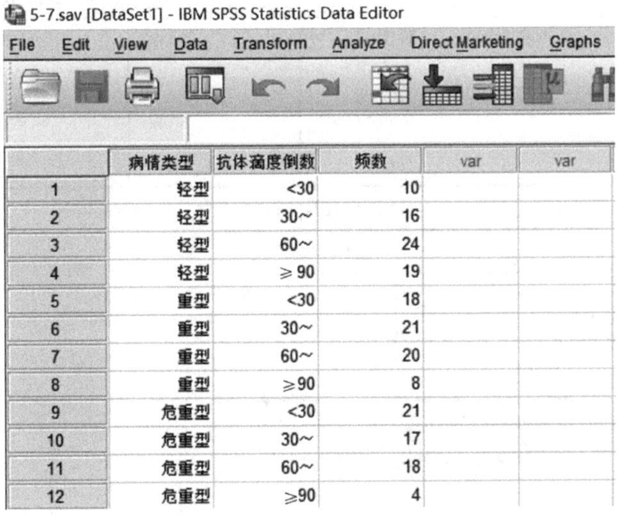

	病情类型	抗体滴度倒数	频数	var	var
1	轻型	<30	10		
2	轻型	30～	16		
3	轻型	60～	24		
4	轻型	≥90	19		
5	重型	<30	18		
6	重型	30～	21		
7	重型	60～	20		
8	重型	≥90	8		
9	危重型	<30	21		
10	危重型	30～	17		
11	危重型	60～	18		
12	危重型	≥90	4		

图 5-23 三种病情类型患者血清病毒抗体滴度倒数的频数资料数据文件

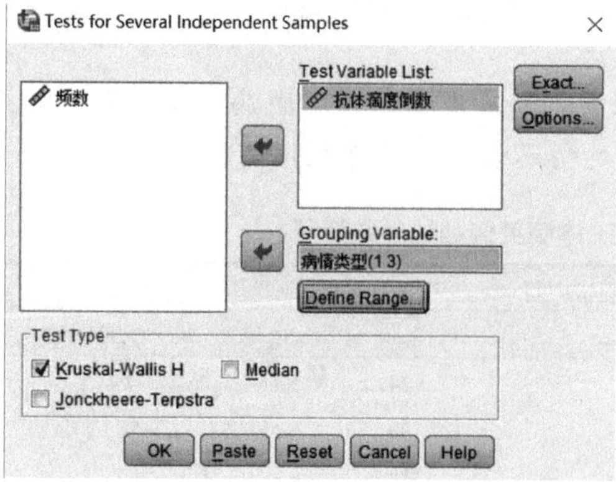

图 5-24　三种病情患者血清病毒抗体滴度倒数的频数资料秩和检验界面

2. 对“频数”变量加权。

操作步骤同前（见“两个独立样本等级资料的秩和检验”）。

3. Analyze → Nonparametric Tests→Legacy Dialogs→K Independent Samples

此处操作与多个独立样本资料的秩和检验类似。在“Tests for Several Independent Samples”左侧的变量列表中选中“抗体滴度倒数”，单击按钮选入“Test Variable List”中，选中“病情类型”，单击按钮，选入“Grouping Variable”中，此时“Define Range”被激活。单击“Define Range”弹出对话框，在“Minimum”中输入 1，在“Maximum”中输入 3，单击“Continue”。“Test Type”中系统默认选项“Kruskal-Wallis H”（已勾选），单击“OK”（图 5-24），弹出对应的分析结果窗口。

【结果及解释】

从表 5-14 中可以看出 Ranks 是多个独立样本比较的秩和检验的统计描述结果：样本含量（N）、均秩（Mean Rank）。本例统计描述结果为：轻型组 69 例，平均秩次为 117.99；重型组 67 例，平均秩次为 92.46；危重型组 60 例，平均秩次为 82.84。Test Statistics 是统计推断结果：Kruskal-Wallis H 检验统计量（Chi-Square）、自由度（df）及双侧 P 值（Asymp.Sig.）。本例 H 检验结果：H=14.522，df=2，P=0.001（＜0.05），各组间差异有统计学意义，故可认为三种不同病情的新冠肺炎患者血清病毒抗体滴度有差别。

表 5-14　多个独立样本比较的等级资料秩和检验（Kruskal-Wallis H 检验）结果

Ranks

	疾病	N	Mean Rank
抗体滴度倒数	轻型	69	117.99
	重型	67	92.46
	危重型	60	82.84
	Total	196	

Test Statistics[a, b]

	抗体滴度倒数
Chi-Square	14.522
df	2
Asymp. Sig.	.001

a. Kruskal Wallis Test.

b. Grouping Variable：疾病.

（李飞峰　刘长俊）

第六章　线性相关与回归分析

统计学中，研究两个变量之间的关系，常用的统计分析方法是线性相关与回归。欲分析两个变量之间是否具有直线相关关系，可通过线性相关进行研究。欲分析某一个变量 Y 随着另一个变量 X 的变化情况，此时变量 X 称为自变量，Y 称为因变量，这种描述两变量间依存变化的数量关系，可通过线性回归进行研究。当研究一个自变量与因变量之间的关系时，称为一元线性相关与回归；研究多个自变量与一个因变量之间的关系时，称为多元线性相关与回归。

第一节　一元线性相关与回归

例 6-1　现有某地 20 名健康成年男性身高和体重数据（表 6-1），试分析身高与体重的线性相关和回归关系。

表 6-1　某地 20 名健康成年男性身高和体重数据

编号	身高/cm	体重/kg	编号	身高/cm	体重/kg
1	182	79	11	165	68
2	166	55	12	170	79
3	163	53	13	165	69
4	164	67	14	180	73
5	167	72	15	166	57
6	159	65	16	175	77
7	157	58	17	169	58
8	176	63	18	168	64
9	169	74	19	172	75
10	183	80	20	156	55

问题 6-1

1. 试分析该地健康成年男性身高与体重的线性相关关系，可通过什么 SPSS 过程来实现？请写出线性相关系数并进行假设检验。

2. 试分析该地健康成年男性身高与体重的线性回归关系，可通过什么 SPSS 过程来实现？请写出线性回归方程并进行假设检验。

【分析】

1. 判断两变量间是否具有线性相关关系，首先是绘制散点图，初步判断。然后进行相关分析，计算线性相关系数，分析相关方向和密切程度，最后通过假设检验判断是否具有统计学意义。SPSS 软件线性相关过程：Analyze → Correlate → Bivariate → Bivariate Correlations。

2. 判断两个变量之间是否具有线性回归关系，主要是通过最小二乘法计算出直线回归系数和常数项（或截距），然后通过假设检验分析回归系数或回归方程是否具有统计学意义。SPSS 软件线性回归过程：Analyze → Regression → Linear。

一、线性相关分析过程

【操作步骤】

1. 输入数据，建立数据文件。在 Variable View 窗口中建立两个变量：身高和体重，并在 Data View 窗口中输入相对应的数据，如图 6-1 所示。

2. 单击 SPSS 菜单栏中的“Analyze”→“Correlate”→“Bivariate”（图 6-2），弹出“Bivariate Correlations”对话框，进入线性相关分析界面。

3. 将身高和体重选入右侧“Variables”框中（图 6-3），单击 OK，弹出“Correlations”结果窗口。

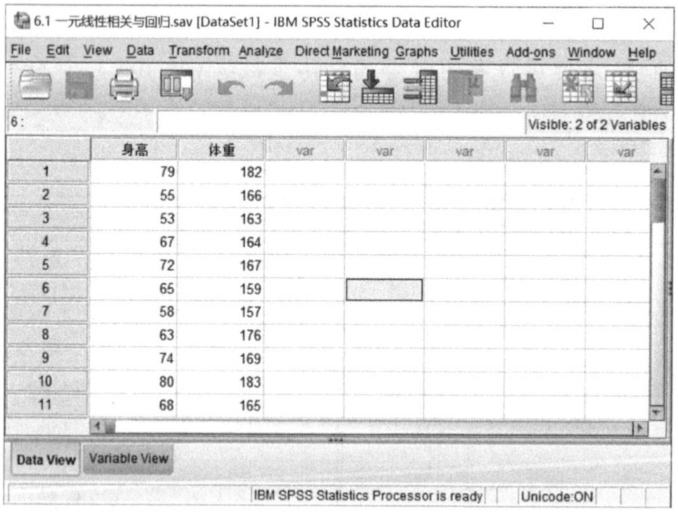

图 6-1　20 名健康成年男性身高（cm）和体重（kg）数据

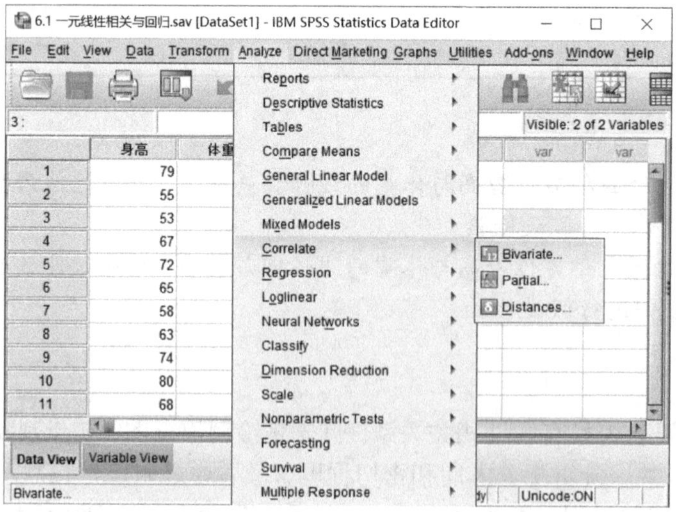

图 6-2　SPSS 软件中线性相关分析菜单栏

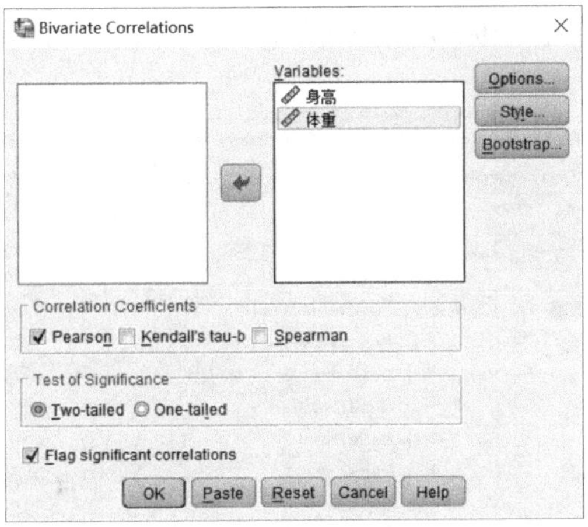

图 6-3　线性相关分析 Bivariate Correlations 窗口

【结果及解释】

表 6-2 线性相关分析结果显示，健康成年男性身高与体重的 Pearson 相关系数 r=0.686；r＞0，表明身高与体重之间存在正相关关系；r 值较接近于 1，表明身高与体重间的相关关系较密切。

表 6-2　线性相关分析结果

Correlations

		身高	体重
身高	Pearson Correlation	1	.686**
	Sig.（2-tailed）		.001
	N	20	20
体重	Pearson Correlation	.686**	1
	Sig.（2-tailed）	.001	
	N	20	20

**.Correlation is significant at the 0.01 level（2-tailed）.

对相关系数 r 进行假设检验，其检验概率 P=0.001。P＜0.05，故拒绝 H_0，接受 H_1，其差别有统计学意义，可以认为该地健康成年男性身高与体重之间存在直线相关关系。

二、线性回归分析过程

【操作步骤】

1. 单击 SPSS 菜单栏中的“Analyze”→“Regression”→“Linear”（图 6-4），弹出“Linear Regression”对话框，进入线性回归分析界面。

2. 单击因变量体重选入“Dependent”框，单击自变量身高选入“Independent（s）”框中（图 6-5）。

3. 单击右侧“Statistics”选项，弹出“Linear Regression：Statistics”对话框，选择“Regression

Coefficients”下的“Confidence intervals Level（%）”并单击（图 6-6）。最后单击“Continue”，单击“OK”，弹出结果窗口。

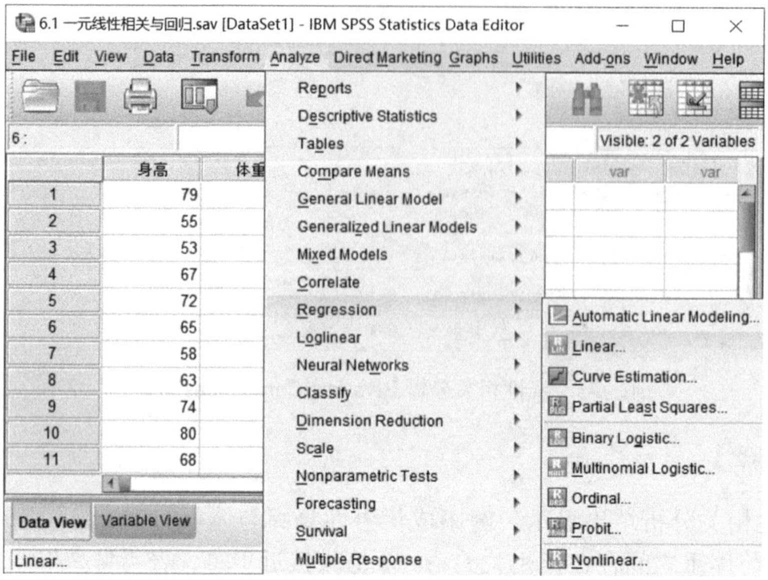

图 6-4　SPSS 软件中线性回归分析菜单栏

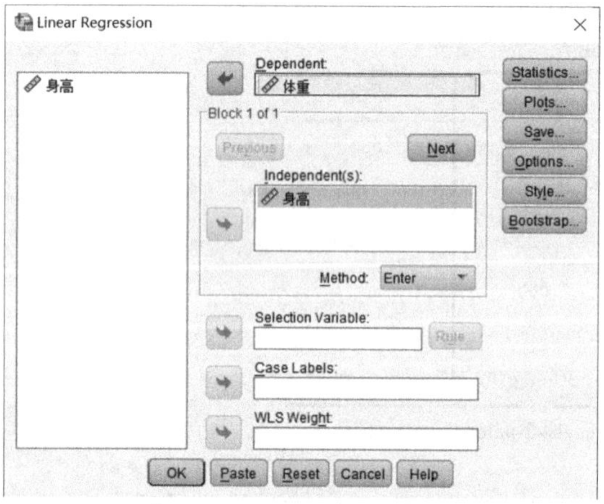

图 6-5　线性回归分析对话框

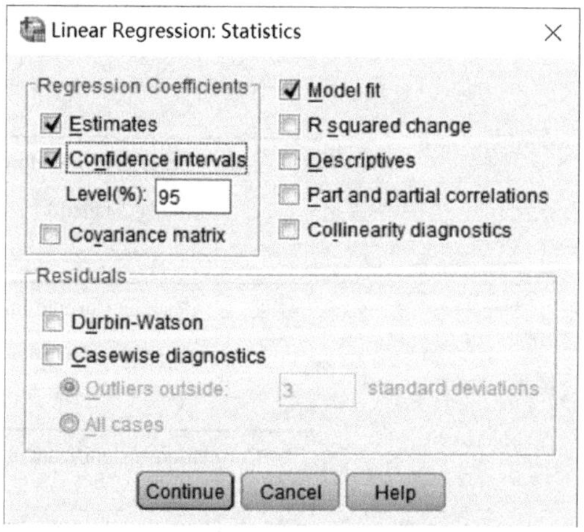

图 6-6　Linear Regression：Statistics 对话框

【结果及解释】

表 6-3 模型摘要（Model Summary）结果显示，相关系数 r=0.686，决定系数 r^2=0.471，校正后的 r^2=0.441，说明身高可以解释体重变异的 44.1%。

表 6-3　模型摘要

Model Summary

Model	R	R Square	Adjusted R Square	Std.Error of the Estimate
1	.686[a]	.471	.441	5.704

a. Predictors:（Constant），身高.

表 6-4 对线性回归模型进行方差分析（ANOVA）检验，得到统计量 F=16.019，概率 P=0.001；P<0.05，故拒绝 H_0，接受 H_1，其差别有统计学意义，可以认为建立的线性回归模型有统计学意义。

表 6-4 方差分析结果

ANOVA[a]

Model		Sum of Squares	df	Mean Square	F	Sig.
1	Regression	521.181	1	521.181	16.019	.001[b]
	Residual	585.619	18	32.534		
	Total	1106.800	19			

a. Dependent Variable：体重.

b. Predictors：（Constant），身高.

表 6-5 为线性回归中参数检验的结果。其中 Constant 表示常数项，数值为–68.129，其假设检验结果显示 P>0.05，没有统计学意义，但是一般默认保留在回归方程中，对结果不影响。

表 6-5 参数检验结果

Coefficients[a]

Model		Unstandardized Coefficients		Standardized Coefficients	t	Sig.	95.0% Confidence Interval for B	
		B	Std.Error	Beta			Lower Bound	Upper Bound
1	（Constant）	–68.129	33.807		–2.015	.059	–139.155	2.897
	体重	.802	.200	.686	4.002	.001	.381	1.223

a. Dependent Variable：身高.

身高与体重的线性回归系数 b=0.802，回归系数 95% 的置信区间为[0.381，1.223]。对回归系数进行假设检验结果显示统计量 t=4.002，对应的概率 P=0.001；P<0.05，故拒绝 H_0，接受 H_1，其差别有统计学意义，可以认为身高与体重之间存在一定的线性回归关系。线性回归方程可表示为：$\hat{Y}$=0.802X–68.129。

（刘艳丽 傅 晔）

第二节 多元线性回归

例 6-2 为了研究微量元素与血红蛋白含量之间的关系，某研究者收集了儿童末梢血 5 种微量元素（钙、铁、镁、锌、铜）及血红蛋白含量等数据资料，现从中随机抽取了 40 例，数据见表 6-6，试进行多元线性回归分析。

表 6-6 40 名儿童末梢血 5 种微量元素和血红蛋白含量数据

钙含量/（mmol/L）	铁含量/（mmol/L）	镁含量/（mmol/L）	锌含量/（μmol/L）	铜含量/（μmol/L）	血红蛋白含量/（g/L）
1.604	9.735	1.369	73.600	10.120	135.820
1.645	6.262	1.269	112.000	13.920	83.820

续表

钙含量/（mmol/L）	铁含量/（mmol/L）	镁含量/（mmol/L）	锌含量/（μmol/L）	铜含量/（μmol/L）	血红蛋白含量/（g/L）
2.146	6.814	1.443	281.600	11.710	76.830
1.373	6.566	1.276	25.600	8.610	74.460
1.572	9.265	2.300	35.200	12.600	139.410
2.506	9.544	1.944	76.800	17.890	127.230
1.797	9.715	1.655	150.400	14.280	121.060
1.774	8.588	1.680	41.600	11.640	127.920
1.419	7.656	1.372	64.000	9.390	105.110
1.604	9.735	1.369	73.600	10.120	135.820
1.645	6.262	1.269	112.000	13.920	83.820
2.146	6.814	1.443	281.600	11.710	76.830
1.373	6.566	1.276	25.600	8.610	74.460
1.572	9.265	2.300	35.200	12.600	139.410
2.506	9.544	1.944	76.800	17.890	127.230
1.797	9.715	1.655	150.400	14.280	121.060
1.774	8.588	1.680	41.600	11.640	127.920
1.419	7.656	1.372	64.000	9.390	105.110
1.559	6.491	1.271	192.000	13.380	92.850
1.605	9.897	1.436	41.600	9.500	113.000
2.037	8.959	1.640	96.000	12.070	107.340
2.099	9.459	1.748	19.200	12.100	108.750
1.723	9.893	1.645	48.000	10.130	145.080
1.596	9.814	1.343	92.800	10.260	132.630
1.780	5.793	1.295	99.200	12.290	88.830
1.463	7.419	1.143	38.400	9.000	90.450
1.563	9.308	2.326	48.000	12.580	145.190
1.474	6.366	1.282	35.200	10.490	84.730
1.289	8.750	1.184	44.800	6.100	130.900
1.576	9.021	1.507	80.000	13.080	121.970
1.765	8.540	1.488	64.000	9.250	118.660
1.847	8.400	1.520	54.400	8.910	107.380
1.901	7.004	1.312	89.600	10.450	85.120
2.044	9.071	1.766	124.800	13.790	110.590
1.893	10.450	1.701	92.800	12.590	144.940
1.533	8.640	1.575	153.600	10.600	95.010
2.121	10.366	1.860	48.000	16.660	134.200
1.928	7.667	1.389	3.200	7.220	77.860
1.540	7.317	1.215	48.000	8.610	100.770
1.595	9.822	1.352	124.800	10.280	141.760

【分析】

利用 SPSS 进行多元线性回归分析主要包括以下几个方面：模型的参数估计和假设检验、模型的总体检验、模型诊断、模型参数的解释等。

【操作步骤】

1. 建立数据文件

建立数据文件“6-2.sav”。以血红蛋白含量为因变量 Y，钙、铁、镁、锌、铜含量为自变量 X_1、X_2、X_3、X_4、X_5，如图 6-7 所示。

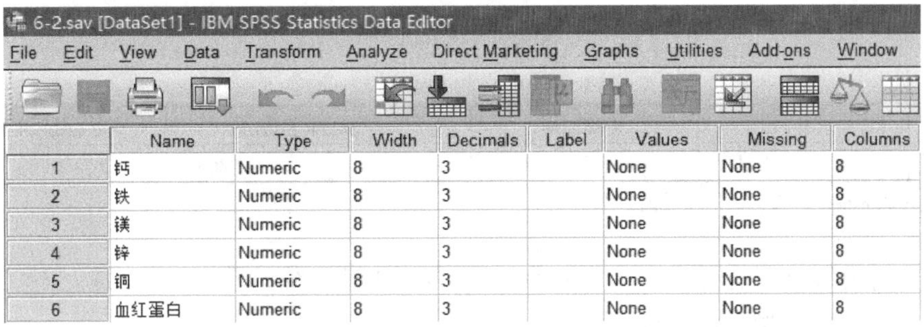

	Name	Type	Width	Decimals	Label	Values	Missing	Columns
1	钙	Numeric	8	3		None	None	8
2	铁	Numeric	8	3		None	None	8
3	镁	Numeric	8	3		None	None	8
4	锌	Numeric	8	3		None	None	8
5	铜	Numeric	8	3		None	None	8
6	血红蛋白	Numeric	8	3		None	None	8

图 6-7　40 名儿童末梢血 5 种微量元素和血红蛋白含量数据文件

2. 线性相关分析流程　Analyze → Regression → Linear。

（1）单击“Analyze”，在其下拉菜单选中“Regression”，在其右侧子菜单中选择“Linear”选项并单击，弹出“Linear Regression”对话框。

（2）选中“血红蛋白”作为因变量并将其选入“Dependent”框内，再将“钙”“铁”“镁”“锌”“铜”作为自变量选入“Independent（s）”框内，其他选项保留默认，如图 6-8 所示。

（3）单击“OK”，即可得到回归分析结果。

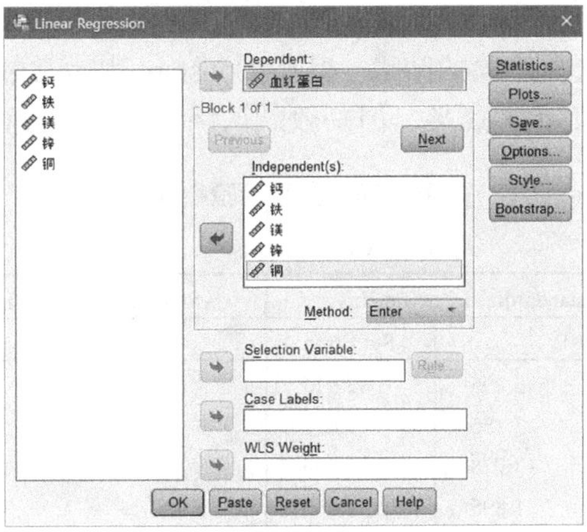

图 6-8　Linear Regression 对话窗口

【结果及解释】

表 6-7 显示，因变量为“血红蛋白”，自变量为“钙”“铁”“镁”“锌”“铜”，五个自变量均被纳入模型。

表 6-7 自变量纳入和剔除

Variables Entered/Removed[a]

Model	Variables Entered	Variables Removed	Method
1	铜，铁，锌，钙，镁[b]		Enter

a. Dependent Variable：血红蛋白.

b. All requested variables entered.

表 6-8 模型摘要（Model Summary）结果显示，相关系数 r=0.911，决定系数 r^2=0.830，校正后的 r^2=0.805，说明 5 种微量元素可以解释血红蛋白变异的 80.5%。

表 6-8 模型摘要

Model Summary

Model	R	R Square	Adjusted R Square	Std.Error of the Estimate
1	.911[a]	.830	.805	10.196269

a. Predictors：(Constant)，铜，铁，锌，钙，镁.

通过对回归模型进行方差分析（ANOVA），表 6-9 显示统计量 F=33.207，P<0.001，可以认为建立的线性回归模型有统计学意义。

表 6-9 方差分析检验模型的结果

ANOVA[a]

Model		Sum of Squares	df	Mean Square	F	Sig.
1	Regression	17261.461	5	3452.292	33.207	.000[b]
	Residual	3534.773	34	103.964		
	Total	20796.234	39			

a. Dependent Variable：血红蛋白.

b. Predictors：(Constant)，铜，铁，锌，钙，镁.

表 6-10 为回归模型中参数检验的结果。其中 Constant 表示常数项，数值为 3.795，其假设检验结果显示 P=0.771，无统计学意义，但一般默认保留在回归方程中。

表 6-10 参数检验结果

Coefficients[a]

Model		Unstandardized Coefficients		Standardized Coefficients	t	Sig.
		B	Std.Error	Beta		
1	(Constant)	3.795	12.915		.294	.771
	钙	−23.156	7.697	−.289	−3.008	.005
	铁	13.778	1.483	.812	9.292	.000
	镁	11.895	7.903	.156	1.505	.142
	锌	−.015	.030	−.039	−.480	.634
	铜	1.301	.956	.148	1.361	.183

a. Dependent Variable：血红蛋白.

“钙”“铁”“镁”“锌”“铜”对应的 P 值分别为 0.005、<0.001、0.142、0.634、0.183。结合实际经验，首先移除 P 值最大的变量“锌”，以“钙”“铁”“镁”“铜”为自变量再建立多

元线性回归模型。

表 6-11 显示，因变量为“血红蛋白”，自变量为“钙”“铁”“镁”“铜”，四个自变量被纳入模型。

表 6-11　自变量纳入和剔除

Variables Entered/Removed[a]

Model	Variables Entered	Variables Removed	Method
1	铜，铁，钙，镁[b]		Enter

a. Dependent Variable：血红蛋白.

b. All requested variables entered.

表 6-12 模型摘要显示，移除“锌”后，模型中相关系数 r 为 0.910，确定系数 r^2 为 0.829，校正的确定系数为 0.809。

表 6-12　模型摘要

Model Summary

Model	R	R Square	Adjusted R Square	Std.Error of the Estimate
1	.910[a]	.829	.809	10.083597

a. Predictors：(Constant)，铜，铁，钙，镁.

通过对新回归模型进行方差分析（ANOVA），表 6-13 显示统计量 F=42.382，P<0.001，可以认为新建立的线性回归模型有统计学意义。

表 6-13　方差分析检验模型的结果

ANOVA[a]

Model		Sum of Squares	df	Mean Square	*F*	Sig.
	Regression	17237.472	4	4309.368	42.382	.000[b]
1	Residual	3558.763	35	101.679		
	Total	20796.234	39			

a. Dependent Variable：血红蛋白.

b. Predictors：(Constant)，铜，铁，钙，镁.

表 6-14 为新回归模型中参数检验的结果。其中“铜”对应 P 值>0.05，结合实际经验，继续移除变量“铜”，以“钙”“铁”“镁”为自变量再建立多元线性回归模型。

表 6-14　参数检验结果

Coefficients[a]

Model		Unstandardized Coefficients		Standardized Coefficients		
		B	Std.Error	Beta	*t*	Sig.
1	(Constant)	2.845	12.622		.225	.823
	钙	−23.893	7.459	−.298	−3.203	.003
	铁	13.882	1.451	.818	9.570	.000
	镁	12.921	7.525	.170	1.717	.095
	铜	1.175	.909	.133	1.292	.205

a. Dependent Variable：血红蛋白.

表 6-15 为最终回归模型中参数检验的结果。常数项、“钙”“铁”“镁”对应的 P 值分别为 0.859、0.005、<0.001、0.017。因此，建立的多元线性回归模型方程为 $\hat{Y}=2.276-18.331X_1+13.637X_2+17.107X_3$。

表 6-15　参数检验结果

Coefficients[a]

Model		Unstandardized Coefficients		Standardized Coefficients		
		B	Std.Error	Beta	t	Sig.
1	(Constant)	2.276	12.731		.179	.859
	钙	−18.331	6.148	−.229	−2.982	.005
	铁	13.637	1.451	.804	9.395	.000
	镁	17.107	6.854	.225	2.496	.017

a. Dependent Variable：血红蛋白.

第三节　逐步回归分析

第二节操作过程中，全部自变量被纳入回归方程，若要剔除哪个自变量，则需要我们根据分析结果结合实际经验自行决定。我们还可以根据需要，选用不同筛选自变量的方法（逐步回归法、消去法、前进法、后退法等），让系统自动选择自变量。下面以“例 6-2”为例，介绍多元逐步回归过程的操作方法。

【操作步骤】

1. 建立数据文件　同上节。

2. 相关分析流程　“Analyze”→“Regression”→“Linear”。

（1）单击“Analyze”，在其下拉菜单选中“Regression”，在其右侧子菜单中选择“Linear”并单击，弹出“Linear Regression”对话框。

（2）单击“血红蛋白”作为因变量移入“Dependent”框内，将“钙”“铁”“镁”“锌”“铜”作为自变量选入“Independent（s）”框内，“Method”选项选择“Stepwise”，见图 6-9。

（3）单击“Options”，在弹出“Linear Regression：Options”对话框中，选择“Use probability of F”，在“Entry”键入 0.10，“Removal”键入 0.15，确定纳入、剔除标准。纳入、剔除标准可以用系统默认值 0.05、0.10，也可由用户自行设定。若需要最终的回归方程包含较多的自变量，可适当放宽标准，但应满足 $\alpha_{纳入} \leqslant \alpha_{剔除}$。单击“Continue”，回到上一界面，见图 6-10。

（4）其他选项默认，单击“OK”，即可得到回归分析的结果。

【结果及解释】

表 6-16 为自变量纳入和剔除结果，依次列出了模型的筛选自变量过程。模型 1 用“Stepwise”纳入变量“铁”，接着模型 2 用“Stepwise”纳入变量“钙”，最终模型 3 用“Stepwise”纳入变量“镁”，其中 $\alpha_{纳入}=0.10$，$\alpha_{剔除}=0.15$。

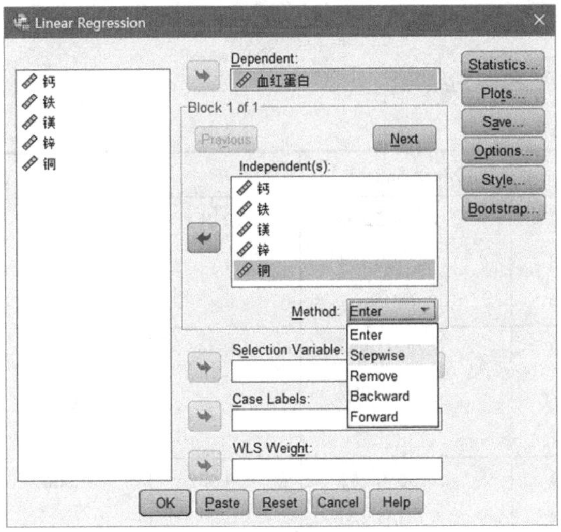

图 6-9　Linear Regression 对话框

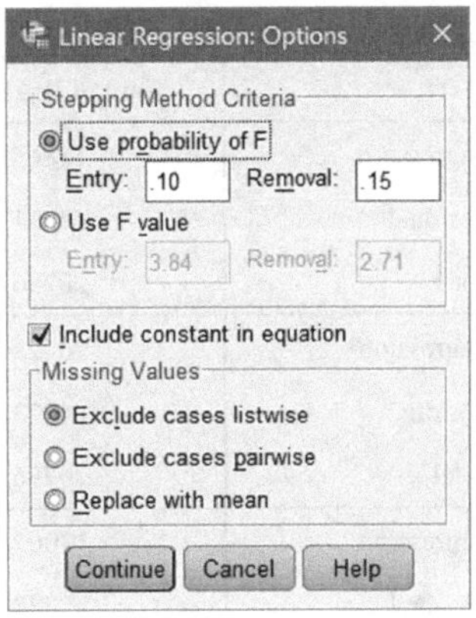

图 6-10　Linear Regression：Options 对话框

表 6-16　自变量纳入和剔除

Variables Entered/Removed[a]

Model	Variables Entered	Variables Removed	Method
1	铁	.	Stepwise（Criteria：Probability-of-F-to-enter＜=.100，Probability-of-F-to-remove＞=.150）.
2	钙	.	Stepwise（Criteria：Probability-of-F-to-enter＜=.100，Probability-of-F-to-remove＞=.150）.
3	镁	.	Stepwise（Criteria：Probability-of-F-to-enter＜=.100，Probability-of-F-to-remove＞=.150）.

a. Dependent Variable：血红蛋白.

表 6-17 是三个模型决定系数的改变情况。校正后的 r^2 提示：随着新变量的引入，模型可解释的变异占总变异的比例逐渐增大。

表 6-17　模型摘要

Model Summary

Model	R	R Square	Adjusted R Square	Std.Error of the Estimate
1	.873[a]	.763	.757	11.391402
2	.889[b]	.790	.778	10.872301
3	.906[c]	.821	.806	10.176876

a. Predictors：(Constant)，铁。

b. Predictors：(Constant)，铁，钙。

c. Predictors：(Constant)，铁，钙，镁。

对三个回归模型进行方差分析（ANOVA）显示三个线性回归模型均有统计学意义

（表 6-18）。

表 6-18　方差分析检验模型的结果

ANOVA[a]

Model		Sum of Squares	df	Mean Square	F	Sig.
1	Regression	15865.201	1	15865.201	122.262	.000[b]
	Residual	4931.033	38	129.764		
	Total	20796.234	39			
2	Regression	16422.578	2	8211.289	69.465	.000[c]
	Residual	4373.656	37	118.207		
	Total	20796.234	39			
3	Regression	17067.757	3	5689.252	54.932	.000[d]
	Residual	3728.477	36	103.569		
	Total	20796.234	39			

a. Dependent Variable：血红蛋白。

b. Predictors：（Constant），铁。

c. Predictors：（Constant），铁，钙。

d. Predictors：（Constant），铁，钙，镁。

表 6-19 为三个回归模型中参数检验的结果。最终拟合的多元线性回归模型方程为 $\hat{Y}=2.276-18.331X_1+13.637\,X_2+17.107X_3$。

表 6-19　参数检验结果

Coefficients[a]

Model		Unstandardized Coefficients		Standardized Coefficients		
		B	Std.Error	Beta	t	Sig.
1	（Constant）	−13.212	11.425		−1.156	.255
	铁	14.818	1.340	.873	11.057	.000
2	（Constant）	4.336	13.572		.320	.751
	铁	15.535	1.321	.916	11.760	.000
	钙	−13.552	6.241	−.169	−2.171	.036
3	（Constant）	2.276	12.731		.179	.859
	铁	13.637	1.451	.804	9.395	.000
	钙	−18.331	6.148	−.229	−2.982	.005
	镁	17.107	6.854	.225	2.496	.017

a. Dependent Variable：血红蛋白。

表 6-20 是三个模型被剔除变量的检验结果。在模型 1 中，未纳入模型的变量“钙”还有统计学意义，仍有变量可被引入，继续建立模型。在模型 2 中，未纳入模型的变量“镁”还有统计学意义，仍有变量可被引入，继续建立模型。在模型 3 中，剩余变量“锌”“铜”的 P 值均大于 0.10，无需被纳入，模型建立结束。

表 6-20　被剔除变量参数检验结果

Excluded Variables[a]

Model		Beta In	t	Sig.	Partial Correlation	Collinearity Statistics
						Tolerance
1	钙	−.169[b]	−2.171	.036	−.336	.938
	镁	.141[b]	1.497	.143	.239	.681
	锌	−.096[b]	−1.204	.236	−.194	.961
	铜	.020[b]	.237	.814	.039	.935
2	镁	.225[c]	2.496	.017	.384	.615
	锌	−.040[c]	−.482	.632	−.080	.830
	铜	.210[c]	2.192	.035	.343	.563
3	锌	−.009[d]	−.108	.914	−.018	.807
	铜	.133[d]	1.292	.205	.213	.459

a. Dependent Variable：血红蛋白。

b. Predictors in the Model：(Constant)，铁。

c. Predictors in the Model：(Constant)，铁，钙。

d. Predictors in the Model：(Constant)，铁，钙，镁。

上述操作过程对总体参数和总体模型进行检验，并得出了回归方程，但模型的诊断和因变量的预测值和预测值的置信区间的计算，需要选择其他选项才能完成。

第四节　模 型 诊 断

对于多元线性回归分析而言，需要对模型进行诊断，要求观察数据和模型的残差满足如下条件：

（1）因变量 Y 是连续型变量，服从正态分布；

（2）自变量是非随机的或无度量误差的固定变量；

（3）自变量间不存在多重共线性；

（4）自变量与残差相互独立；

（5）残差为随机变量，且服从正态分布，残差间相互独立。

下面以例 6-2 为例，介绍残差分析、正态性检验和多重共线性诊断相关的操作方法。

【操作步骤】

1. 建立数据文件　见本章第三节。

2. 相关分析流程　Analyze → Regression → Linear → Statistics，Plots。

（1）操作同前，在弹出的“Linear Regression”对话框中，单击“Statistics”，弹出“Linear Regression：Statistics”对话框，选择“Durbin-Watson”和“Collinearity diagnostics”复选框，单击“Continue”，回到上一对话框，见图 6-11。

（2）单击“Statistics”，弹出“Linear Regression：Plots”对话窗，选择“Histogram”和“Normal Probability Plot”复选框，单击“Continue”按钮，回到上一对话框，见图 6-12。

（3）其他选项保留默认，单击“OK”按钮，即可得到模型诊断的结果。

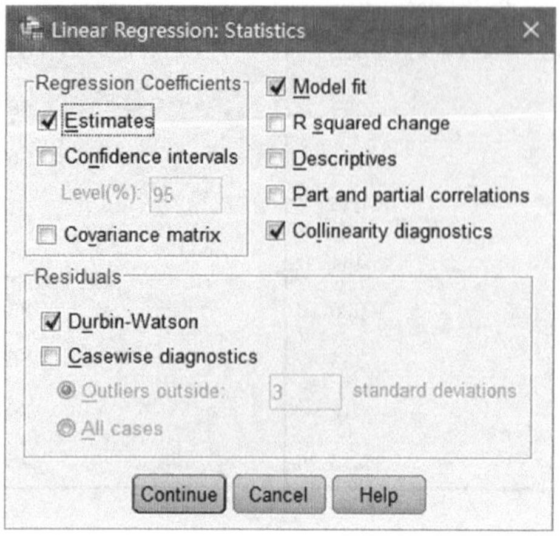

图 6-11　Linear Regression：Statistics 对话窗

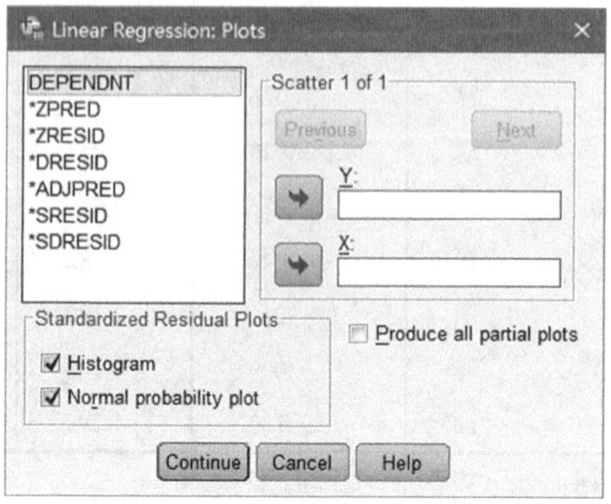

图 6-12　Linear Regression：Plots 对话窗

【结果及解释】

Durbin-Watson 取值在 0 到 4 之间，若残差间相互独立，则取值在 2 附近，表 6-21 显示结果为 2.183，与 2 很接近，说明残差间无明显的相关性。

表 6-21　模型摘要

Model Summary[d]

Model	R	R Square	Adjusted R Square	Std.Error of the Estimate	Durbin-Watson
1	.873[a]	.763	.757	11.391402	
2	.889[b]	.790	.778	10.872301	
3	.906[c]	.821	.806	10.176876	2.183

a. Predictors：（Constant），铁。

b. Predictors：（Constant），铁，钙。

c. Predictors：（Constant），铁，钙，镁。

d. Dependent Variable：血红蛋白。

图 6-13 和图 6-14，提示残差分布近似正态分布。

多重共线性诊断可用以下指标进行判断：容忍度（Tolerance）越小，共线性越严重，当容忍度<0.1 时，可能存在严重的多重共线性；方差膨胀系数（variance inflation factor，VIF）为容忍度的倒数，VIF 值应不大于 5，若 VIF 越大，则共线性越严重；特征根（eigenvalue）约为 0 时，共线性严重；条件指数（condition index）大于 30 时，可能存在多重共线性。

表 6-22 显示，3 个模型内各自变量的容忍度和方差膨胀系数均在允许范围内。

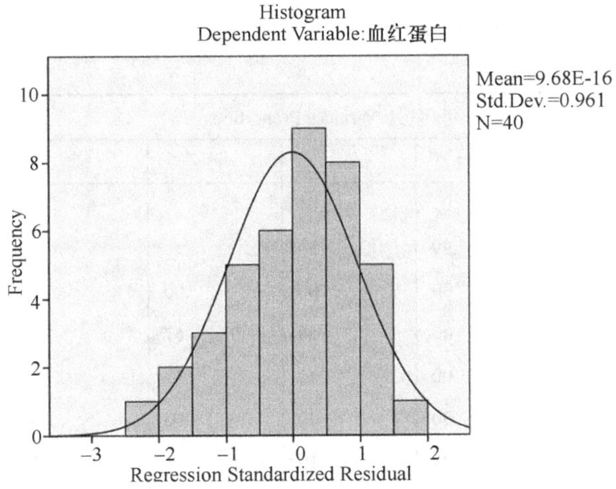

图 6-13 残差直方图

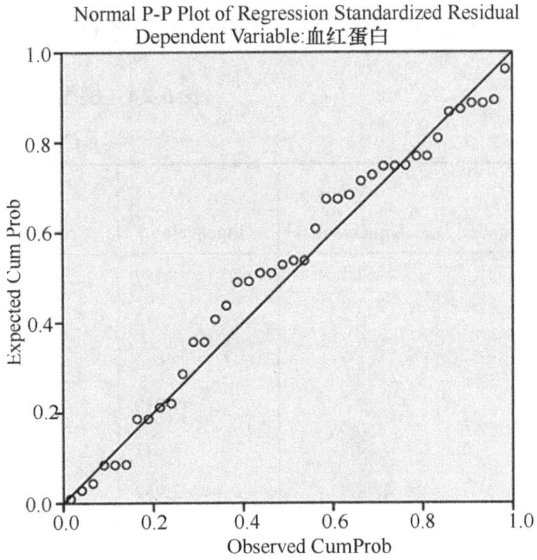

图 6-14 正态 P-P 图

表 6-22 各自变量的容忍度和方差膨胀系数

Coefficients[a]

Model		Unstandardized Coefficients B	Unstandardized Coefficients Std.Error	Standardized Coefficients Beta	t	Sig.	Collinearity Statistics Tolerance	Collinearity Statistics VIF
1	(Constant)	−13.212	11.425		−1.156	.255		
	铁	14.818	1.340	.873	11.057	.000	1.000	1.000
2	(Constant)	4.336	13.572		.320	.751		
	铁	15.535	1.321	.916	11.760	.000	.938	1.067
	钙	−13.552	6.241	−.169	−2.171	.036	.938	1.067
3	(Constant)	2.276	12.731		.179	.859		
	铁	13.637	1.451	.804	9.395	.000	.680	1.470
	钙	−18.331	6.148	−.229	−2.982	.005	.847	1.181
	镁	17.107	6.854	.225	2.496	.017	.615	1.625

a. Dependent Variable：血红蛋白。

表 6-23 为移出模型的各变量的容忍度和方差膨胀系数。

表 6-23 被剔除变量的容忍度和方差膨胀系数

Excluded Variables[a]

Model		Beta In	t	Sig.	Partial Correlation	Collinearity Statistics Tolerance	Collinearity Statistics VIF	Collinearity Statistics Minimum Tolerance
1	钙	−.169[b]	−2.171	.036	−.336	.938	1.067	.938
	镁	.141[b]	1.497	.143	.239	.681	1.468	.681
	锌	−.096[b]	−1.204	.236	−.194	.961	1.041	.961
	铜	.020[b]	.237	.814	.039	.935	1.069	.935
2	镁	.225[c]	2.496	.017	.384	.615	1.625	.615
	锌	−.040[c]	−.482	.632	−.080	.830	1.205	.810
	铜	.210[c]	2.192	.035	.343	.563	1.775	.563
3	锌	−.009[d]	−.108	.914	−.018	.807	1.238	.599
	铜	.133[d]	1.292	.205	.213	.459	2.179	.459

a. Dependent Variable：血红蛋白。

b. Predictors in the Model：(Constant)，铁。

c. Predictors in the Model：(Constant)，铁，钙。

d. Predictors in the Model：(Constant)，铁，钙，镁。

表 6-24 为主成分分析结果，条件指数均小于 30。

表 6-24 模型的特征根、条件指数和变异构成

Collinearity Diagnostics[a]

Model	Dimension	Eigenvalue	Condition Index	Variance Proportions			
				(Constant)	铁	钙	镁
1	1	1.987	1.000	.01	.01		
	2	.013	12.607	.99	.99		
2	1	2.970	1.000	.00	.00	.00	
	2	.019	12.470	.00	.58	.67	
	3	.011	16.668	1.00	.42	.33	
3	1	3.952	1.000	.00	.00	.00	.00
	2	.022	13.348	.07	.10	.41	.36
	3	.016	15.596	.23	.28	.28	.41
	4	.010	20.361	.70	.62	.31	.23

a. Dependent Variable：血红蛋白。

解决多重共线性可增加样本含量，或从专业角度确定自变量。还可以采用主成分分析、岭回归分析、路径分析等其他统计学方法。

（章 进 赵 军）

第七章　Logistic 回归分析

线性回归可以用于分析连续型因变量与自变量之间的线性依存关系。但有时因变量是二分类的结果，如患病与未患病、生存与死亡、阴性与阳性等。此时可以采用 Logistic 回归分析。根据研究设计的不同，Logistic 回归可分为成组资料的非条件 Logistic 回归和配对资料的条件 Logistic 回归两大类。

第一节　二分类资料的 Logistic 回归

例 7-1　某医院在研究某种药物治疗骨折效果时，收集了 510 例病例资料，对每一位患者采用相同的标准评价疗效（Y：差=0，好=1）。在评价时同时考虑了骨折的类型（X_1：闭合=0，开放=1）、是否手术（X_2：非手术=0，手术=1）、是否服药（X_3：未服药=0，服药=1）、治疗时间（X_4："1～10 周"=1，"11～20 周"=2，"21 周～"=3）这 4 个因素对结果的影响。数据资料见表 7-1，试作 Logistic 逐步回归分析。

表 7-1　骨折治疗效果评价研究资料

分层	X_1	X_2	X_3	X_4	Y	观察病例数
1	0	0	0	1	1	0
2	0	0	0	2	1	2
3	0	0	0	3	1	7
4	0	0	1	1	1	10
5	0	0	1	2	1	19
6	0	0	1	3	1	4
7	0	1	0	1	1	0
8	0	1	0	2	1	3
9	0	1	0	3	1	17
10	0	1	1	1	1	5
11	0	1	1	2	1	28
12	0	1	1	3	1	19
13	1	0	0	1	1	1
14	1	0	0	2	1	0
15	1	0	0	3	1	1
16	1	0	1	1	1	0
17	1	0	1	2	1	4
18	1	0	1	3	1	5
19	1	1	0	1	1	0
20	1	1	0	2	1	0

续表

分层	X_1	X_2	X_3	X_4	Y	观察病例数
21	1	1	0	3	1	8
22	1	1	1	1	1	3
23	1	1	1	2	1	7
24	1	1	1	3	1	6
25	0	0	0	1	0	18
26	0	0	0	2	0	15
27	0	0	0	3	0	3
28	0	0	1	1	0	68
29	0	0	1	2	0	7
30	0	0	1	3	0	1
31	0	1	0	1	0	17
32	0	1	0	2	0	25
33	0	1	0	3	0	15
34	0	1	1	1	0	91
35	0	1	1	2	0	21
36	0	1	1	3	0	3
37	1	0	0	1	0	1
38	1	0	0	2	0	2
39	1	0	0	3	0	3
40	1	0	1	1	0	14
41	1	0	1	2	0	8
42	1	0	1	3	0	1
43	1	1	0	1	0	9
44	1	1	0	2	0	13
45	1	1	0	3	0	5
46	1	1	1	1	0	20
47	1	1	1	2	0	1
48	1	1	1	3	0	0

【分析】

对于二分类资料的 Logistic 回归而言，如果自变量是二分类的定性变量，可以使用 0 和 1 编码，如果是多分类则需要建立哑变量。类似于线性回归模型，主要分析结果包含以下几个方面：模型的参数估计、回归系数的假设检验、变量筛选、模型的拟合优度检验等。

【操作步骤】

1. 建立数据文件。

建立数据文件，如图 7-1 所示。其中，“state” 为状态；“n” 为每种状态下观察到的病例数；

“X_1、X_2、X_3、X_4”为四个自变量；“Y”为二分类的因变量。

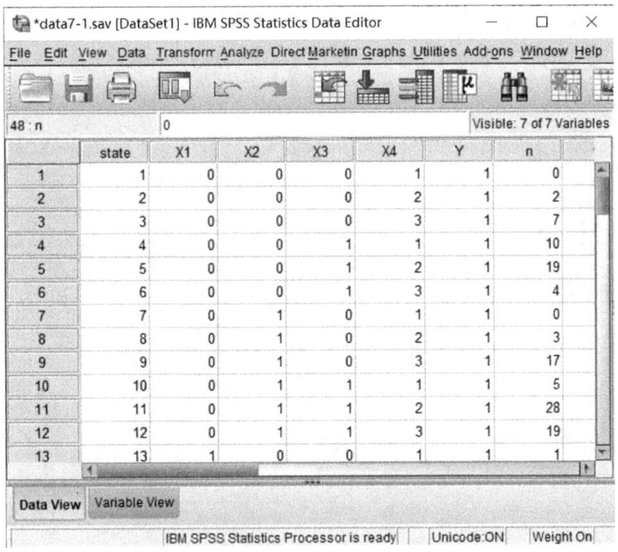

图 7-1　例 7-1 对应的 SPSS 数据集

注意：本例的资料为每种状态下的例数（频数表资料），在进行分析之前需要以病例数 n 为权重变量对数据进行加权，加权的方法参见第四章。如果本例是个案资料，则不需要加权。

2. 二分类资料的 Logistic 回归主要流程。

（1）单击 SPSS 菜单栏中的“Analyze”，展开下拉菜单。

（2）找到“Regression”，在其可选选项中找到“Binary Logistic”，并单击，如图 7-2 所示。

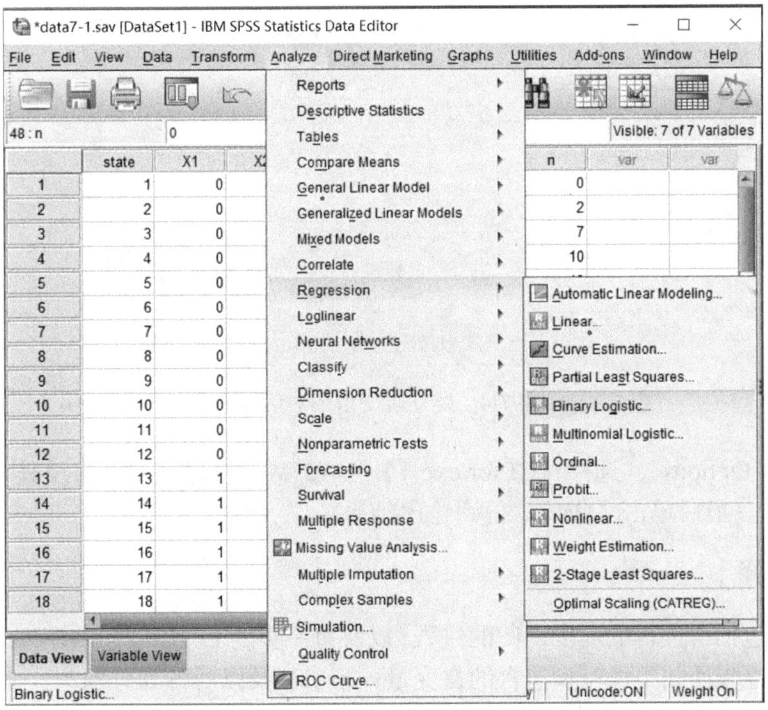

图 7-2　Logistic 回归分析菜单对话框

（3）在弹出的“Logistic Regression”对话框中，将“治疗效果[Y]”选入“Dependent”框中；将自变量“X_1、X_2、X_3、X_4”选入“Covariates”框中；在下方的“Method”列表中选择变量筛选的方法，这里可以选择“Forward：LR”，如图 7-3 所示。

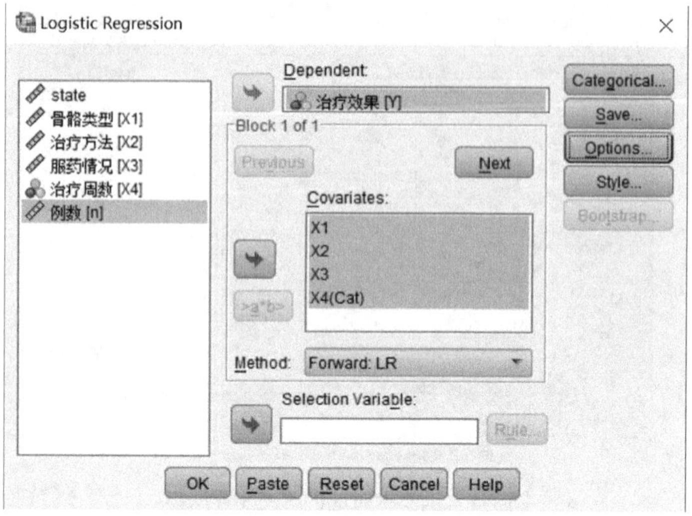

图 7-3　Logistic Regression 对话框

（4）单击“Categorical”按钮，建立哑变量。将本例中需要赋哑变量的自变量 X_4 选入“Categorical Covariates”列表框中，并将下方的“Reference Category”改为“First”，再单击“Change”以完成对照水平的设定，即将第一水平设为对照组。单击“Continue”。如图 7-4 所示。

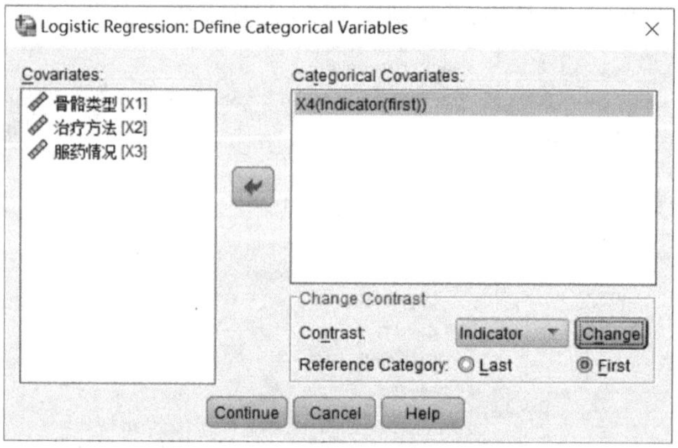

图 7-4　建立哑变量的对话框

（5）单击“Options”，选择“CI for exp（B）：95%”，以输出 OR 值及其 95%置信区间。单击“Continue”。最后单击“OK”，得到输出结果。

【结果及解释】

主要结果中包括所进行的逐步回归的过程，以及每一步的 Logistic 回归模型的情况。在表 7-2 中，第一列表示逐步回归中每一步包含的自变量；第二列及以后各列分别为：偏回归系数（B）、系数的标准误（S.E.）、Wald 检验统计量（Wald）、自由度（df）、P 值（Sig.）、优势比[Exp（B）]

和 OR 的 95%置信区间[95% CI for EXP（B）]。

表 7-2 Logistic 回归分析主要结果

Variables in the Equation

		B	S.E.	Wald	df	Sig.	Exp（B）	95% C.I.for EXP（B）	
								Lower	Upper
Step 1[a]	X4			106.893	2	.000			
	X4（1）	2.149	.289	55.267	1	.000	8.578	4.867	15.117
	X4（2）	3.299	.323	104.602	1	.000	27.073	14.388	50.940
	Constant	−2.528	.238	112.433	1	.000	.080		
Step 2[b]	X3	2.309	.355	42.174	1	.000	10.060	5.012	20.192
	X4			125.018	2	.000			
	X4（1）	2.684	.310	74.842	1	.000	14.638	7.970	26.887
	X4（2）	4.761	.444	114.981	1	.000	116.863	48.949	279.006
	Constant	−4.647	.422	121.502	1	.000	.010		

a. Variable（s）entered on step 1：X_4.

b. Variable（s）entered on step 2：X_3.

在本例中，用前进法共进行了两次筛选，第一步（Step 1）只选入了一个自变量 X_4；第二步（Step 2）选入了两个自变量（X_3 和 X_4），且得到了最终的模型。这两个自变量的回归系数的 Wald 检验对应的 P 值均具有统计学意义（$P<0.001$），提示它们是骨折治疗效果（Y）的独立影响因素。在相同的治疗时间条件下，服药的骨折患者获得好的疗效的可能性比不服药的骨折患者更大，其优势比为 10.060（95% CI：5.012～20.192）；在相同的服药情况下，治疗时间越长的患者获得好的疗效的可能性越大，其中治疗周数在 11 周及以上的患者相对于 11 周以下患者的优势比为 14.638（95% CI：7.970～26.887），治疗周数在 21 周及以上的患者相对于 11 周以下患者的优势比为 116.863（95% CI：48.949～279.006）。

第二节 条件 Logistic 回归

在本章第一节介绍的 Logistic 回归中，病例和对照是独立招募入组的，可以称其为非条件 Logistic 回归。对于匹配的病例对照研究，在招募一个病例时，可根据一些指标（如年龄、性别），选择一个或多个对照进行匹配，即 1∶1 配对或者 1∶M 配对，使得病例在一个或多个混杂因素方面尽可能相同。对于这种资料，条件 Logistic 回归分析是一种比较理想的方法。

例 7-2 为探讨女性乳腺癌危险因素，研究者在某地区确诊的女性乳腺癌患者中随机抽取 350 名，对某一病例（Y=1）配以同时期年龄差别不超过 2 岁的女性作为对照（Y=0）。收集的信息包括：文化程度 X_1（大专以下=0，大专及以上=1）、体质指数 X_2（小于等于 28=0，大于 28=1）、近期精神压抑 X_3（无=0，有=1）、乳腺良性疾病史 X_4（无=0，有=1）、恶性肿瘤家族史 X_5（无=0，有=1）、月经初潮年龄 X_6（大于等于 14 岁=0，小于 14 岁=1）、哺乳史 X_7（无=0，有=1）等。数据资料见表 7-3，试作 Logistic 回归分析。

表 7-3 女性乳腺癌危险因素 1∶1 配对病例-对照研究数据表

配对号	X_1	X_2	X_3	X_4	X_5	X_6	X_7	Y
1	0	0	0	0	0	1	0	1
1	0	0	0	0	0	0	1	0
2	0	1	0	0	1	0	1	1
2	0	0	0	0	0	0	1	0
3	0	0	0	0	0	0	1	1
3	0	0	0	0	0	0	1	0
4	0	0	1	0	0	0	1	1
4	0	0	0	0	0	1	1	0
5	1	1	1	1	0	1	0	1
5	0	0	0	0	0	0	1	0
⋮	⋮	⋮	⋮	⋮	⋮	⋮	⋮	⋮
346	1	0	0	0	0	1	1	1
346	0	0	0	0	0	0	1	0
347	0	0	0	0	0	0	1	1
347	0	0	0	0	0	0	1	0
348	0	0	0	0	1	1	1	1
348	0	0	0	0	0	1	1	0
349	1	0	1	0	0	0	1	1
349	0	0	0	0	0	1	1	0
350	0	0	1	1	1	1	1	1
350	1	0	0	0	0	1	1	0

【分析】

本例为 1∶1 配对设计的病例对照研究，应当使用配对资料的条件 Logistic 回归分析。与非条件 Logistic 回归模型相比，模型的不同之处主要在常数项上。不同匹配组的常数项可以不同，而每个变量在不同匹配组的效应是相同的，即回归系数相同。回归系数的假设检验、优势比及其置信区间的计算与解释与前述非条件 Logistic 回归类似。

【操作步骤】

1. 打开数据文件。

打开数据文件“data7-2.sav”，数据格式如图 7-5 所示。

注意：利用 SPSS 进行条件 Logistic 回归分析需借助生存分析的相关模块完成。因此，在数据集里需要虚拟一个时间变量“time”，其本身的赋值没有实际意义，赋值也不会影响最终的输出结果。需要注意的是，通常假定对照组的存活时间长于病例组，因此在赋值时，对照组的时间需大于病例组的时间。本例中，病例组的“time”设为 1，对照组的“time”设为 2。

2. 统计分析主要流程“Analyze”→“Survival”→“Cox Regression”。

（1）到“Analyze”菜单下找到“Survival”，在其可选项中找到“Cox Regression”，并单击（图 7-6）。

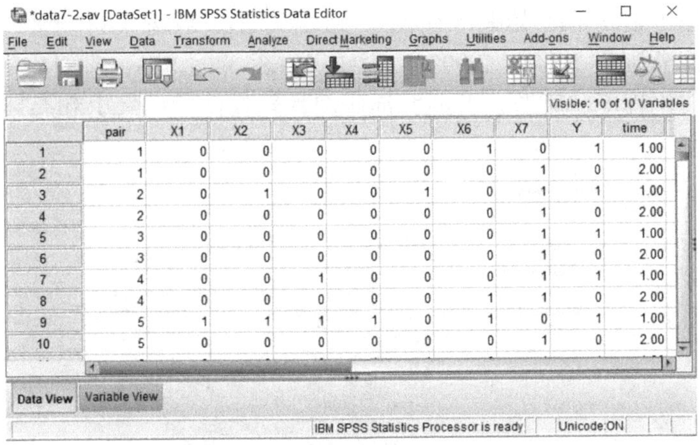

图 7-5　例 7-2 对应的 SPSS 数据集

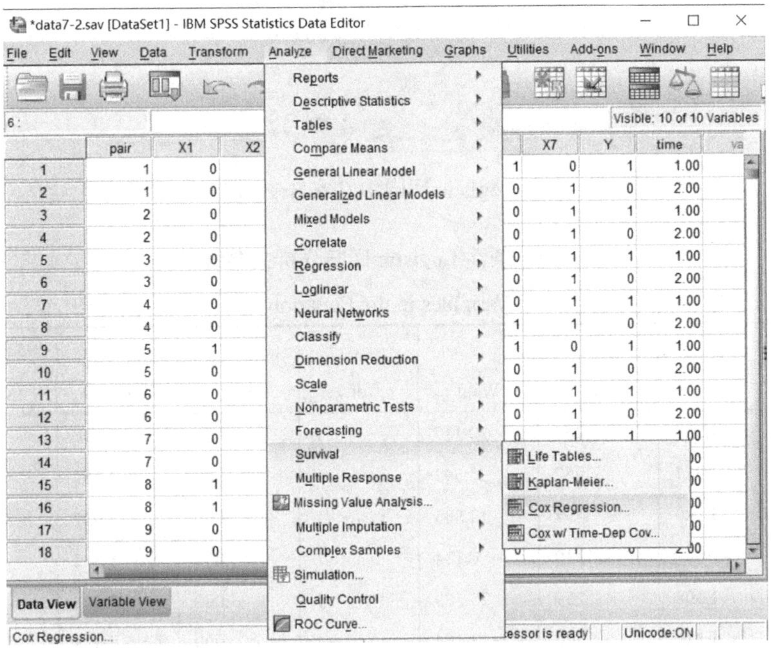

图 7-6　条件 Logistic 回归分析菜单

（2）在弹出的“Cox Regression”对话框中选中时间变量“time”，将其选入“Time”框中；将因变量 Y（1）选入“Status”框中，单击“Define Event”定义结局事件，在“Single value”中键入“1”并单击“Continue”；将自变量 X_1、X_2、X_3、X_4、X_5、X_6、X_7 选入“Covariates”矩形框中；在下方的“Method”列表中选择变量筛选的方法，这里可以选择“Forward：LR”，如图 7-7 所示。

（3）单击“Options”，选择“CI for exp（B）：95%”，以输出优势比及其 95%置信区间。单击“Continue”。最后单击“OK”，得到输出结果。

【结果及解释】

输出的主要结果与本章第一节中介绍的二分类 Logistic 回归结果类似。本例中，第五步得到的方程为最终模型（表 7-4），其中含有 X_1、X_2、X_3、X_4、X_5 五个自变量，均为独立的危险因素，其对应的优势比分别为 1.841、2.997、3.931、6.686 和 1.835，且对应的 P 值均小于 0.05。因此，可以认为高文化程度、肥胖、近期精神压抑、乳腺良性疾病史和恶性肿瘤家族史是女性患乳腺癌的危险因素。

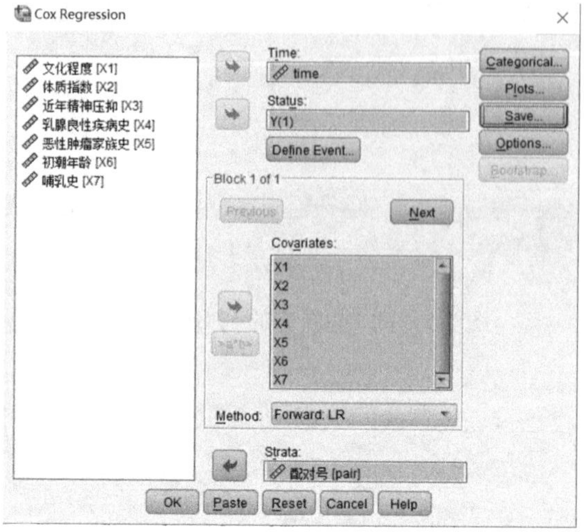

图 7-7 条件 Logistic 回归中 Cox Regression 对话框

表 7-4 条件 Logistic 回归分析主要结果

Variables in the Equation

		B	SE	Wald	df	Sig.	Exp（B）	95.0% CI for Exp（B）	
								Lower	Upper
Step 1	X_3	1.374	.250	30.117	1	.000	3.950	2.418	6.452
Step 2	X_3	1.324	.257	26.542	1	.000	3.759	2.272	6.222
	X_4	1.780	.497	12.805	1	.000	5.927	2.236	15.709
Step 3	X_1	.637	.239	7.134	1	.008	1.891	1.185	3.018
	X_3	1.308	.259	25.509	1	.000	3.699	2.227	6.146
	X_4	1.847	.504	13.404	1	.000	6.338	2.359	17.034
Step 4	X_1	.601	.242	6.164	1	.013	1.823	1.135	2.929
	X_3	1.300	.260	25.054	1	.000	3.670	2.206	6.107
	X_4	1.820	.513	12.600	1	.000	6.171	2.259	16.857
	X_5	.620	.255	5.889	1	.015	1.859	1.127	3.067
Step 5	X_1	.611	.243	6.297	1	.012	1.841	1.143	2.966
	X_2	1.097	.477	5.283	1	.022	2.997	1.175	7.639
	X_3	1.369	.263	27.084	1	.000	3.931	2.348	6.583
	X_4	1.900	.533	12.725	1	.000	6.686	2.354	18.993
	X_5	.607	.259	5.498	1	.019	1.835	1.105	3.047

（赵 军 章 进）

第八章　常用统计图及其绘制

统计图（statistical chart）是用点、线、面等图示的形式表达统计资料的数值大小、分布情况、变化趋势或相互关系，直观形象地描述抽象的统计数据，易于比较和分析数据结果。由于统计图不能表达确切的统计数字，因此不能完全代替统计表，必要时要与统计表一起使用。

第一节　直　条　图

直条图（bar chart）简称条形图，适用于相互独立分类资料各指标间比较，用等宽直条的长短表示数值大小。直条图按照直条的横放和竖放分为卧式和立式两种；按研究特征分为单式和复式两种，单式直条图仅按一个研究特征分组，复式直条图按两个或多个研究特征分组。

一、单式直条图

例 8-1　利用例 2-1 已建立的心肌梗死患者与对照组资料，比较不同血型人群的血脂水平，绘制统计图。

问题 8-1

1. 血型资料属于何种性质资料？
2. 应选择哪种图形描述不同血型人群血脂水平？
3. 通过 SPSS 软件什么过程来实现？

【分析】

1. 该资料属于相互独立的分类资料。
2. 可选择单式直条图。
3. 通过 Graphs 功能中的 Bar 过程来实现。

【操作步骤】

1. 在 SPSS 运行条件下，打开数据库文件“例 2-1 数据.sav”。

2. 单击命令“Graphs”→“Legacy Dialogs”→“Bar”，弹出“Bar Charts”对话框（图 8-1）。选择“Simple，Data in Chart Are”默认“Summaries for Groups of Cases”（同一变量的分组汇总）→“Define”，弹出“Define Simple Bar”对话框（图 8-2）。

3. 图 8-2 中分为左右两部分，左侧显示已选定的数据集包含的全部变量，彩色球标记的为独立分类变量，柱形标记的为连续性变量。选择“Bars Represent”选项“Other statistic（e.g., mean）”，单击变量名“血脂”然后单击按钮，将其导入“Variable”，将“血型”导入“Category Axis”中，如图 8-2 所示。如果需要输入标题，可激活对话框上排中的“Titles”，弹出“Titles”对话框（图 8-3），可在“Title”中“Line1”输入栏中输入该图的标题，如“不同血型患者血脂水平”，单击“Continue”→“OK”（图 8-4）。

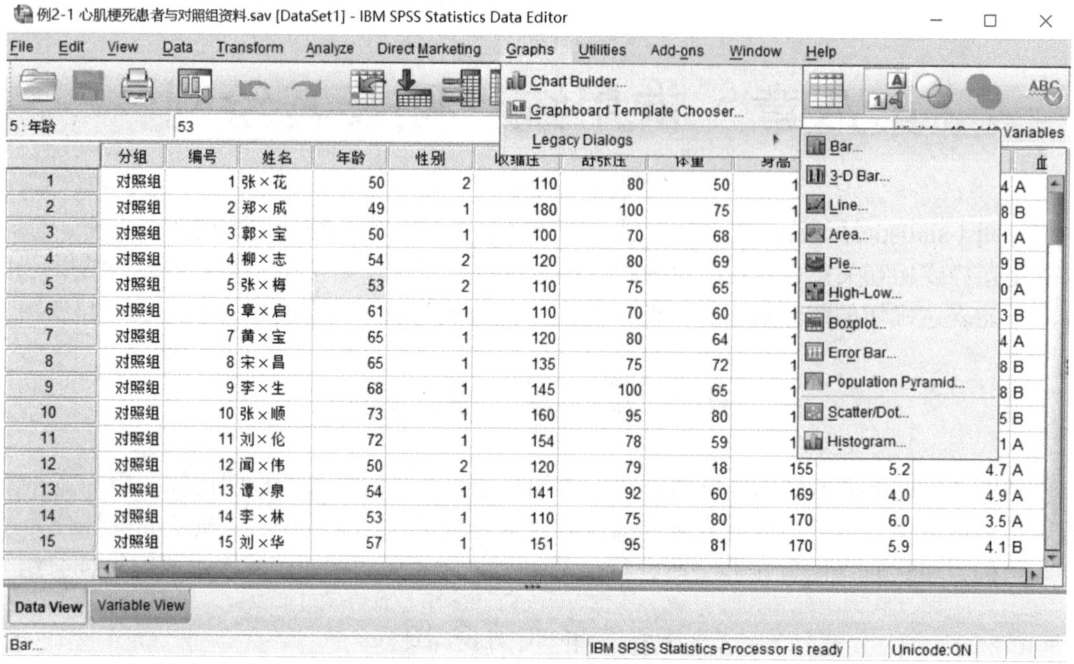

图 8-1　打开 Bar Chart 路径

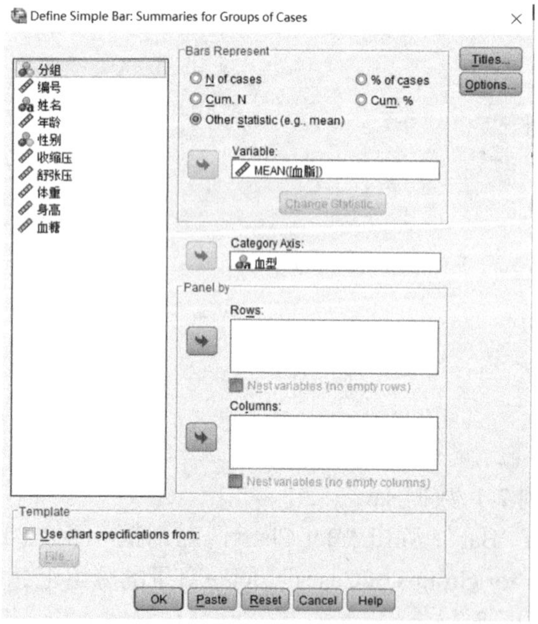

图 8-2　Define Simple Bar 对话框

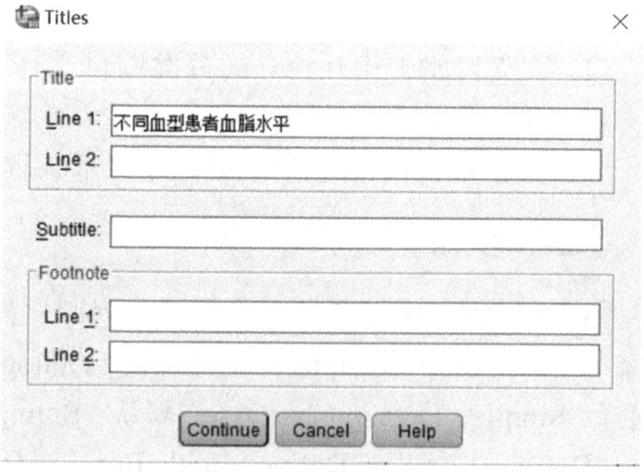

图 8-3　Titles 对话框

4. 图的编辑：初次生成的统计图不一定满意，可双击图形，弹出编辑对话框（图 8-5）。在此对话框中，可对选定直条进行 90°旋转、颜色、线形、边框调整等操作。单击纵、横轴标尺数据或标目，可调整字号、增粗、移动等。双击标目或标题可修改文字。

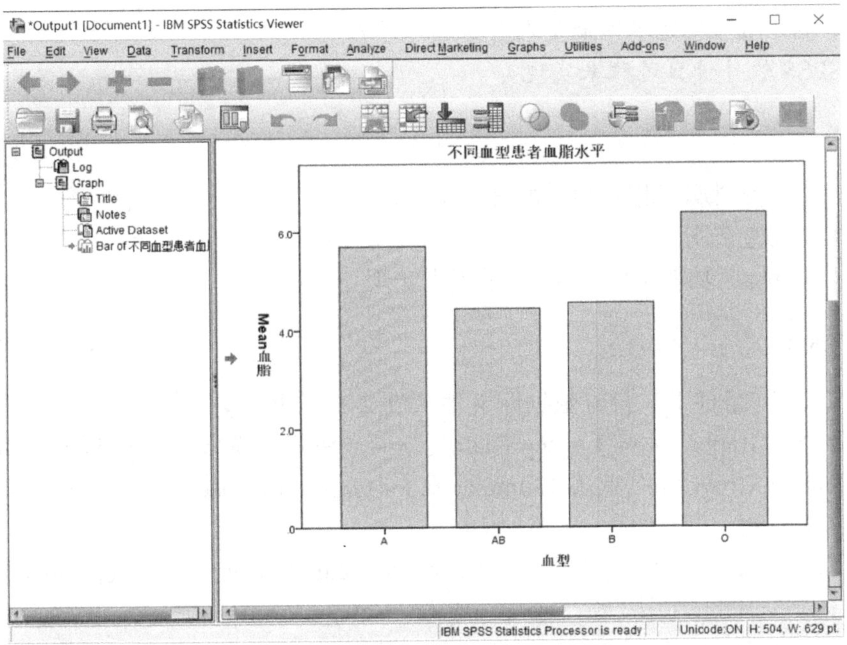

图 8-4　单式直条图

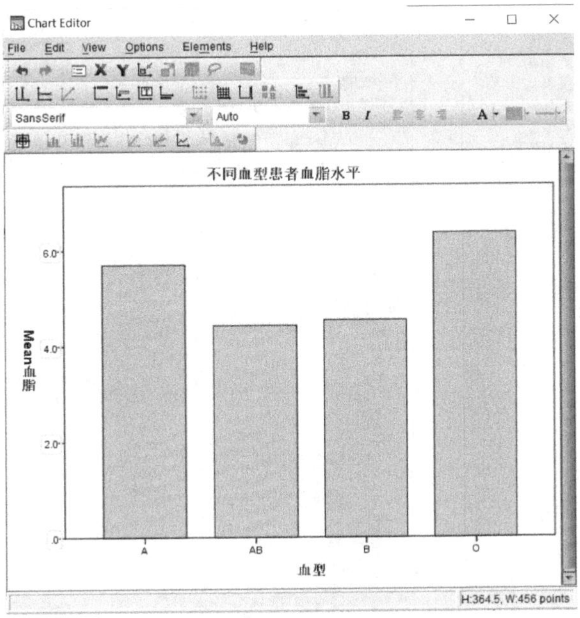

图 8-5　条图编辑窗口

二、复式直条图

例 8-2　利用例 2-1 已建立的心肌梗死患者与对照组资料，比较不同血型和性别人群的血脂水平，绘制统计图。

问题 8-2

1. 血型、性别资料属于何种性质资料？

2. 应选择哪种图形描述不同血型人群血脂水平？
3. 通过 SPSS 软件什么过程来实现？

【分析】

1. 血型、性别资料属于相互独立的分类资料。
2. 可选择复式直条图。
3. 通过“Graphs”功能中的“Bar”过程来实现。

【操作步骤】

1. 在 SPSS 运行条件下，打开数据库文件“例 2-1 数据.sav”。

2. 单击命令“Graphs”→“Legacy Dialogs”→“Bar”，弹出“Bar Charts”对话框。选择“Clustered，Data in Chart Are”默认“Summaries for Groups of Cases”→“Define”，弹出“Define Clustered Bar”对话框。

3. 激活“Bars Represent”选项“Other statistic（e.g.，mean）”，将鼠标移向要选择的变量名“血脂”导入“Variable”中，将“血型”导入“Category Axis”中，将“性别”导入“Define Clusters by”中，单击“OK”。必要时激活“Titles”输入标题（图 8-6）。

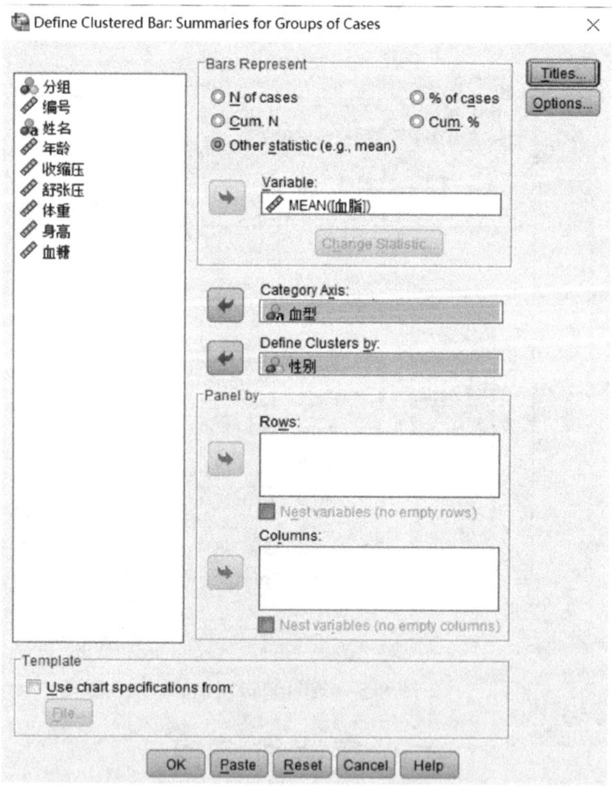

图 8-6　Define Clustered Bar 对话框

4. 需要编辑图形时双击图形，弹出编辑对话框，对图形进行修改，操作同前（图 8-7）。

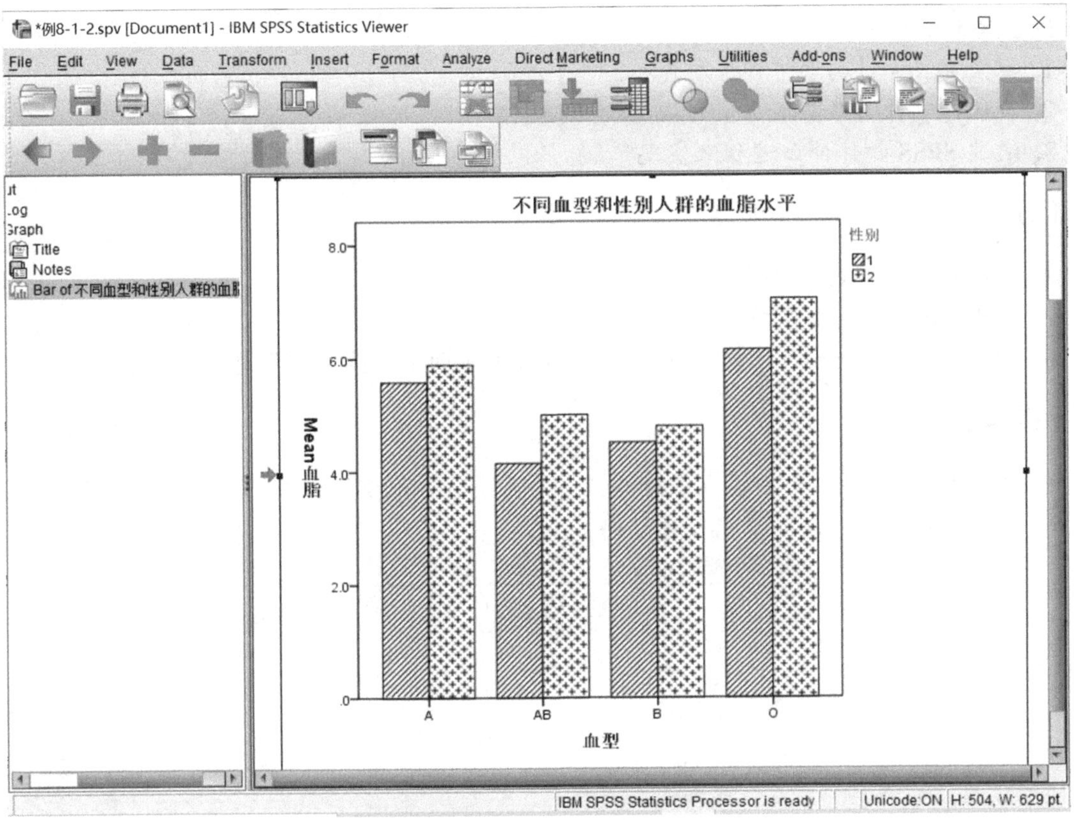

图 8-7　复式直条图

第二节　圆　　图

圆图（pie chart）是以圆的总面积代表事物的全部即 100%，用圆内各扇形面积表示事物内部各构成部分。

适用于构成比资料。用面积大小描述分类变量各类别所占的比例。常用的构成比图有圆图和百分条图。由于百分条图较复杂，本书只介绍圆图。

一、单 式 圆 图

例 8-3　调查某学院大三学生血型构成，结果见表 8-1。

表 8-1　某学院某班学生血型构成

血型	人数	构成比/%	血型	人数	构成比/%
A	32	13.91	O	84	36.52
B	68	29.57	合计	230	100.00
AB	46	20.00			

问题 8-3

1. 血型构成资料属于何种性质资料？
2. 应选择哪种图形描述血型的构成情况？
3. 通过 SPSS 软件什么过程来实现？

【分析】

1. 该资料属于构成比资料。
2. 单式圆图、百分条图均可。
3. 圆图通过“Graphs”功能中的“Pie”过程来实现（本例采用整理后的频数资料）。

【操作步骤】

1. 在 SPSS 运行条件下，建立数据库文件“某学院大三学生血型构成.sav”（图 8-8）。

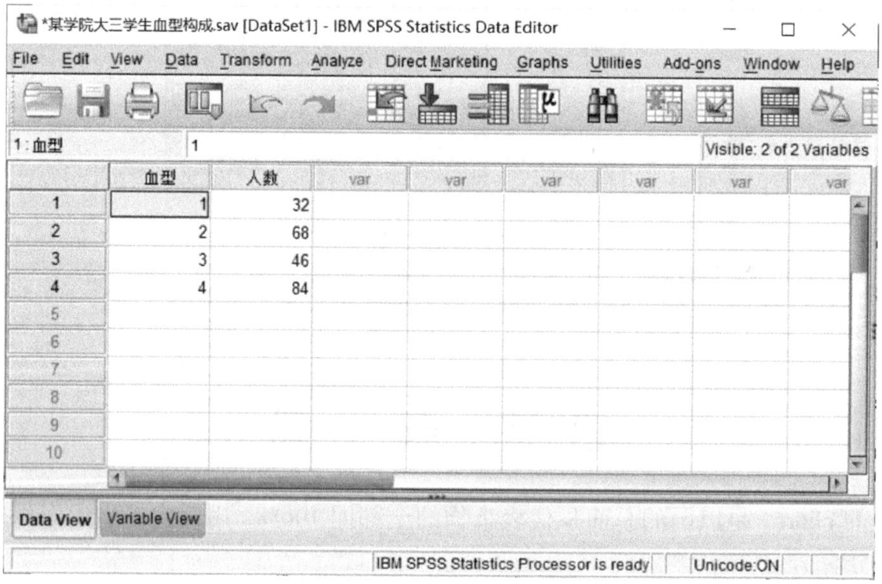

图 8-8　建立数据文件

2. 对“人数”进行加权：“Data”→“Weight Cases”，弹出“Weight Cases”对话框。选中“Weight cases by”，将左侧“人数”变量选中导入“Frequency Variable”下方的框内，单击“OK”。

3. 绘制圆图：单击“Graphs”→“Legacy Dialogs”→“Pie”，弹出“Pie Charts”对话框。“Data in Chart Are”默认“Summaries for Groups of Cases”→“Define”，弹出“Define Pie”对话框。

4. “Slices Represent”默认“N of cases”，单击并选择“血型”将其拖至“Define Slices by”对话框中，单击“OK”（图 8-9）。必要时激活“Titles”输入标题。

5. 需要修改图形时双击图形，弹出“Chart Editor”对话框。单击“Elements”选择“Show Data Labels”弹出“Properties”对话框，在“Data Value Labels”视图中，“Displayed”框中“Count”即为图形中显示的不同血型的人数（图 8-10），如需要显示构成比，在“Not Displayed”框中选择“Percent”由 导入“Displayed”框中，单击“Apply”，图形中则显示构成比数据。

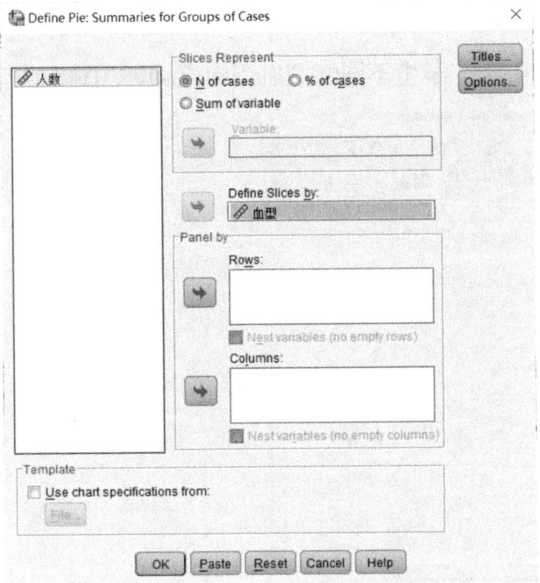

图 8-9 Define Pie 对话框

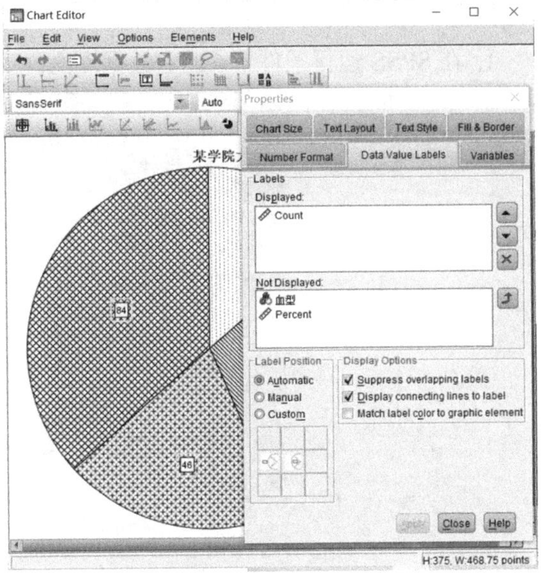

图 8-10 单式圆图

二、复 式 圆 图

例 8-4 根据某学院大三学生不同性别血型构成资料（表 8-2），比较不同性别学生的血型构成，绘制统计图。

表 8-2 某学院某班学生血型构成

血型	男生		女生	
	人数	构成比/%	人数	构成比/%
A	14	13.21	19	15.32
B	36	33.96	31	25.00
AB	23	21.70	23	18.55
O	33	31.13	51	41.13
合计	106	100.00	124	100.00

问题 8-4

1. 该资料属于何种性质资料?
2. 应选择哪种图形描述血型的构成情况?
3. 通过 SPSS 软件什么过程来实现?

【分析】

1. 该资料属于构成比资料。
2. 复式圆图、百分条图均可。
3. 圆图通过“Graphs”功能中的“Pie”过程来实现。

【操作步骤】

1. 在 SPSS 运行条件下，建立数据库文件“某学院大三学生不同性别血型构成.sav”（图 8-11）。

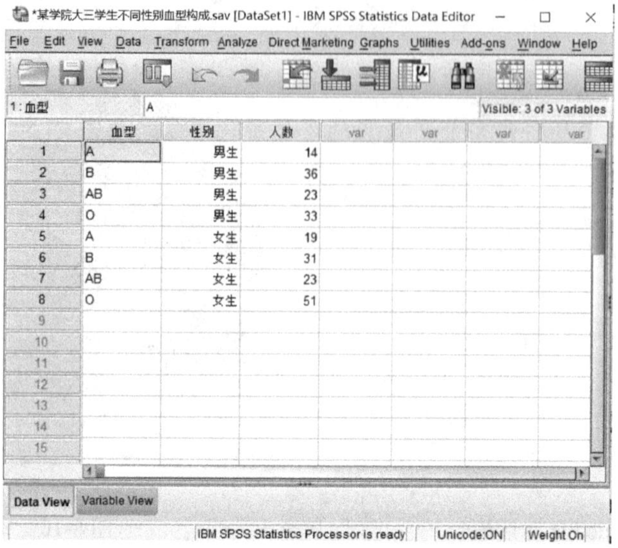

图 8-11 建立数据文件

2. 对“人数”进行加权：“Data”→“Weight Cases”，弹出“Weight Cases”对话框。选中“Weight cases by”，将左侧“人数”变量导入“Frequency Variable”下方的框内，单击“OK”。

3. 单击命令“Graphs”→“Legacy Dialogs”→“Pie”，弹出“Pie Charts”对话框。“Data in Chart Are”默认“Summaries for Groups of Cases”→“Define”，弹出“Define Pie”对话框。

4. “Slices Represent”默认“N of cases”。鼠标选中“血型”导入“Define Slices by”对话框中，将“性别”移至“Panel by”对话框“Rows”或“Columns”中，必要时激活“Titles”输入标题，单击“OK”（图 8-12）。

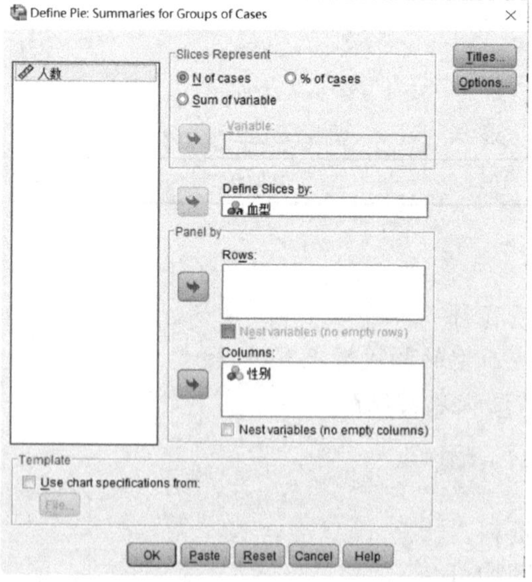

图 8-12 Define Pie 对话框

5. 需要编辑图形时双击图形，弹出“Chart Editor”对话框，操作同前（图 8-13）。

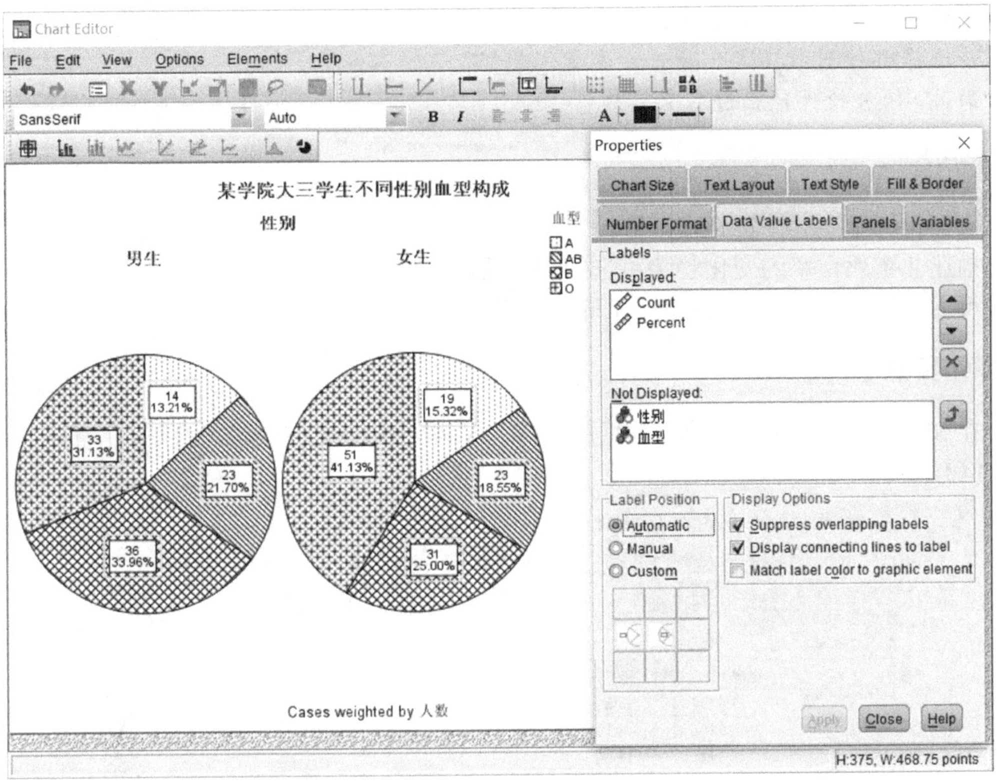

图 8-13 复式圆图

第三节 线 图

线图适用于连续性资料，如时间、年龄等。用线段的升降描述某事物随时间或条件变化而变化的趋势或速度，通常纵坐标为统计指标，横坐标为时间变量。线图包括普通线图和半对数线图。

一、普 通 线 图

横轴和纵轴均为算术尺度的线图，称为普通线图，绘制在算术图纸上，用以描述事物的变化趋势，分为单式线图和复式线图。

（一）单式线图

例 8-5 某学者调查了某省 2010—2019 年 5 岁以下儿童死亡率如表 8-3，请用统计图描述儿童死亡率的变化趋势。

表 8-3 某省 2010—2019 年 5 岁以下儿童死亡率

年份	2010	2011	2012	2013	2014	2015	2016	2017	2018	2019
死亡率/‰	15.31	14.50	11.89	11.07	10.16	11.34	10.87	8.79	8.14	7.36

问题 8-5

1. 该资料属于何种性质资料?
2. 应选择哪种图形描述儿童死亡率变化趋势?
3. 通过 SPSS 软件什么过程来实现?

【分析】

1. 该资料属于连续性资料。
2. 描述儿童死亡率的变化趋势可选择普通线图。
3. 可通过“Graphs”功能中的“Line”过程来实现。

【操作步骤】

1. 在 SPSS 运行条件下,建立数据库文件“某省 2010—2019 年 5 岁以下儿童死亡率.sav”(图 8-14)。

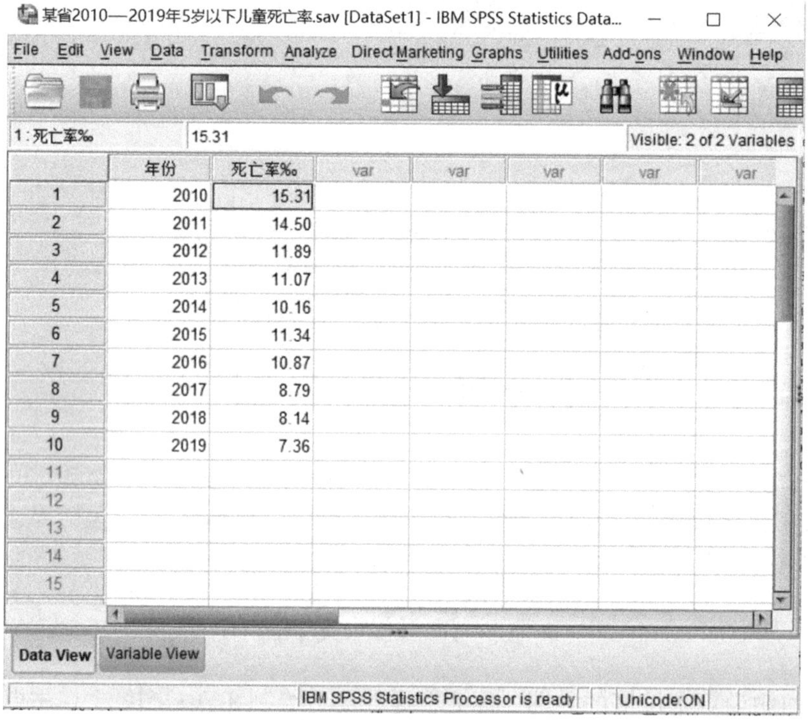

图 8-14 建立数据文件

2. 单击命令“Graphs”→“Legacy Dialogs”→“Line”,弹出“Line Charts”对话框。选择“Simple,Data in Chart Are”默认“Summaries for Groups of Cases”→“Define”,弹出“Define Simple Line”对话框。

3. 激活“Line Represents”选项“Other statistic(e.g., mean)”,将鼠标移向要选择的变量名“死亡率‰”导入“Variable”中,将“年份”导入“Category Axis”中,单击“OK”按钮(图 8-15),必要时激活“Titles”输入标题。

4. 需要编辑图形时双击图形,弹出“Chart Editor”对话框,操作同前(图 8-16)。

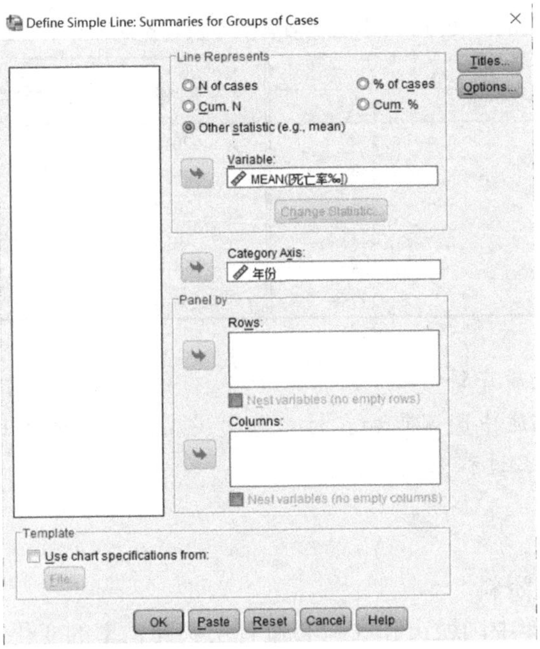

图 8-15 Define Simple Line 对话框

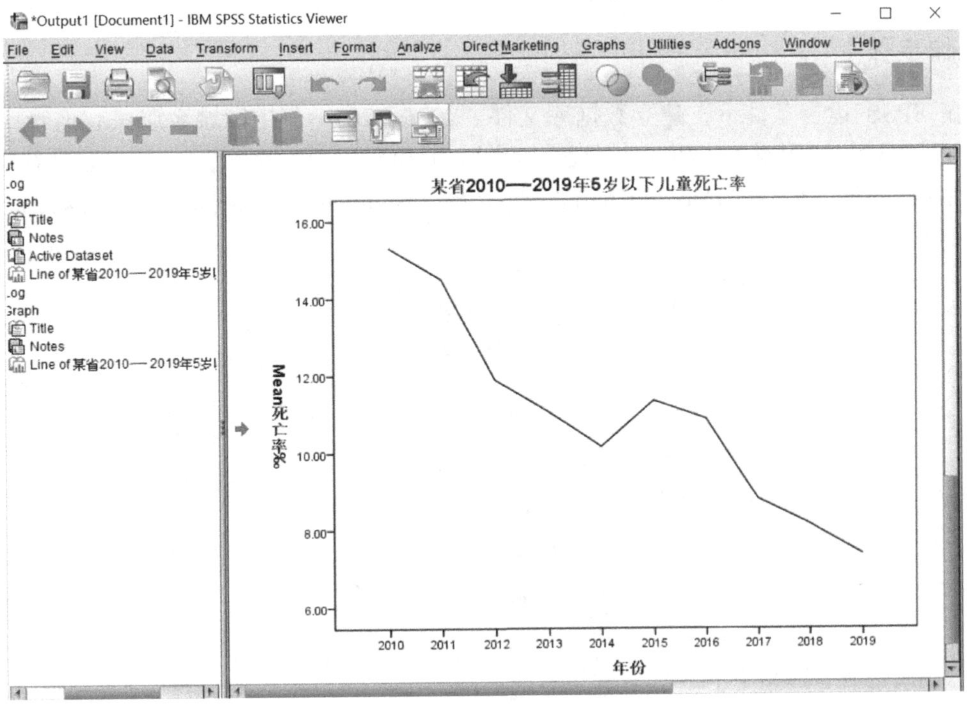

图 8-16 单式线图

（二）复式线图

例 8-6 随着国民经济的发展，人民生活水平提高，心血管疾病成为国民健康的“头号杀手”，中国心血管疾病患病率和死亡率处于持续上升趋势。表 8-4 为 2005—2016 年中国城乡地区心血管疾病死亡率的变化趋势，试用统计图表达两类人群心血管疾病死亡率随时间变化的趋势和速度。

表 8-4 2005—2016 年中国城乡居民心血管疾病死亡率（1/10 万）

年份	死亡率		年份	死亡率	
	城市	农村		城市	农村
2005	209	174	2011	257	262
2006	184	177	2012	252	255
2007	212	206	2013	259	294
2008	242	221	2014	262	296
2009	255	265	2015	265	298
2010	254	257	2016	265	309

问题 8-6

1. 该资料属于何种性质资料？
2. 应选择哪种图形描述中国城市和农村心血管疾病死亡率的变化趋势和速度？
3. 通过 SPSS 软件什么过程来实现？

【分析】

1. 该资料属于连续性资料。

2. 描述 2005—2016 年中国城市和农村心血管疾病死亡率的变化趋势可选择普通线图，描述其变化速度最好选择半对数线图。

3. 通过“Graphs”功能中的“Line”过程来实现。

【操作步骤】

1. 在 SPSS 运行条件下，建立数据库文件“2005—2016 年中国城乡居民心血管疾病死亡率.sav”（图 8-17，本例也可采用三个变量：年份、城市居民死亡率、农村居民死亡率的数据文件，其他操作不变，但在“Data in Chart Are”选择“Summaries of Separate Variables”，该部分内容请自学）。

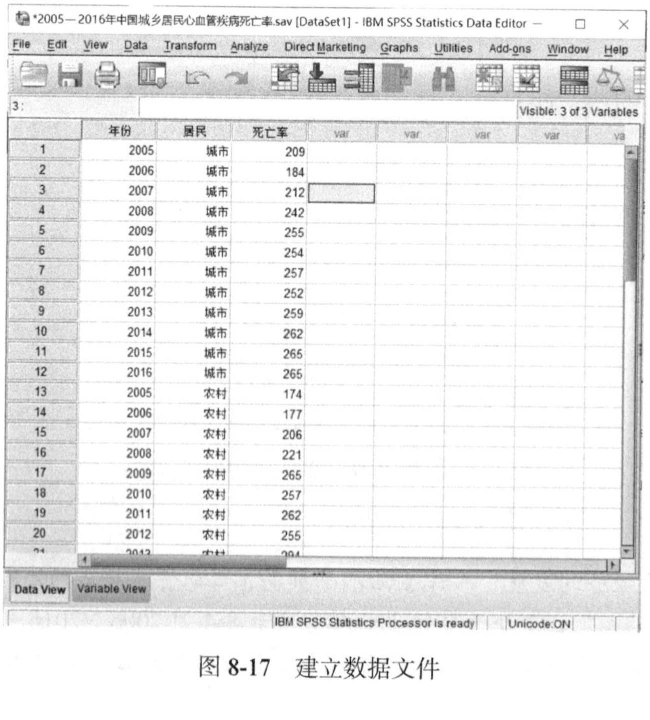

图 8-17 建立数据文件

2. 单击命令“Graphs”→“Legacy Dialogs”→“Line”，弹出“Line Charts”对话框。选择“Multiple，Data in Chart Are”默认“Summaries for Groups of Cases”→“Define”，弹出“Define Multiple Line”对话框。

3. 激活“Lines Represent”选项“Other statistic（e.g.，mean）”，选中变量“死亡率”，并单击按钮导入“Variable”中，将“年份”导入“Category Axis”中，将“居民”导入“Define Lines by”中，单击“OK”。必要时激活“Titles”输入标题（图 8-18）。

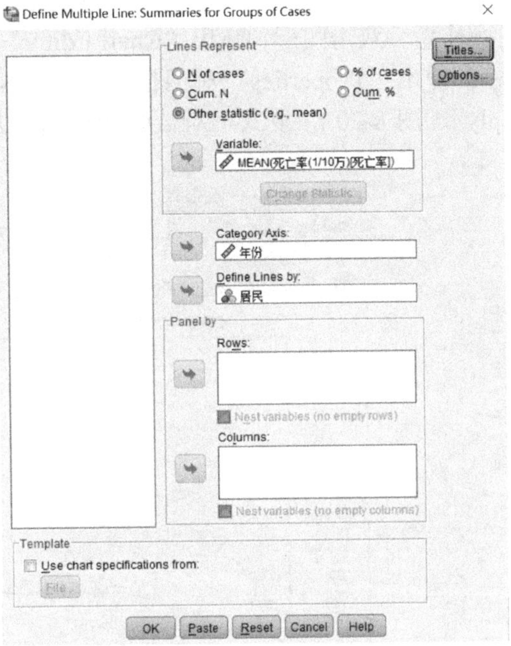

图 8-18　Define Multiple Line 对话框

4. 需要编辑图形时双击图形，弹出“Chart Editor”对话框，操作同前（图 8-19）。

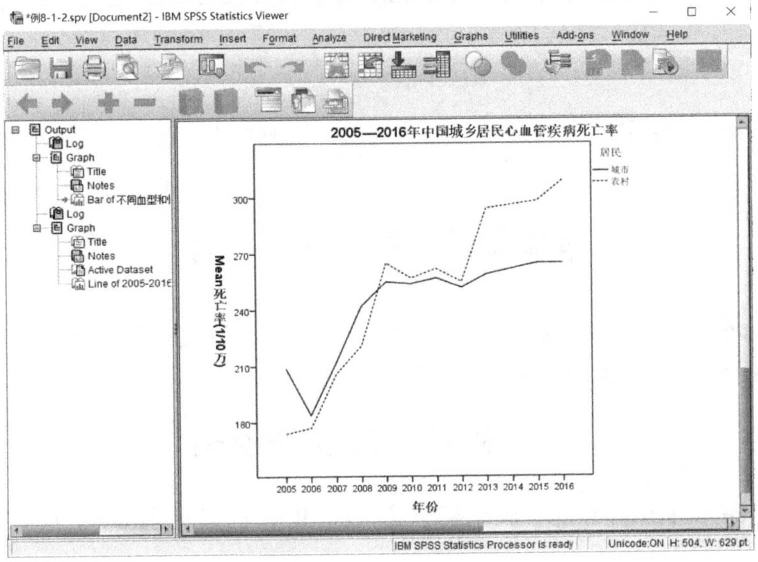

图 8-19　复式普通线图

二、半对数线图

横轴算术尺度，纵轴对数尺度的线图，称为半对数线图（semi-logarithmic line chart），绘制在半对数图纸上。常用来描述事物的变化速度，尤其适用于相比较的事物绝对数量相差悬殊的情况。

【操作步骤】

同例 8-6 复式普通线图操作后，双击图形，弹出“Chart Editor”对话框，见图 8-19 复式普通线图。双击图形的纵坐标，弹出“Properties”对话框，单击“Scale”，选择“Type”下的“Logarithmic”，单击“Apply”（图 8-20），复式半对数线图见图 8-21。

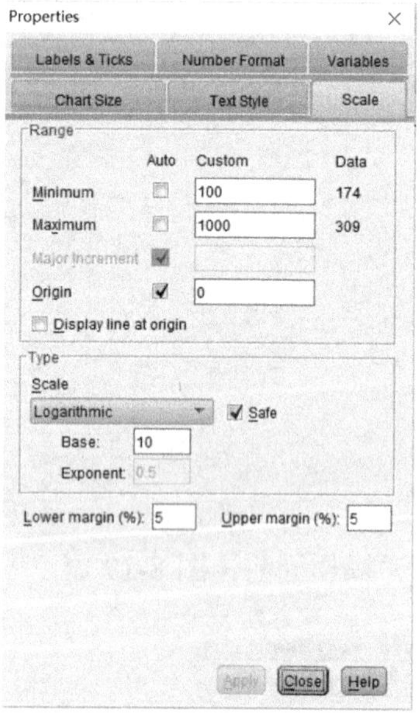

图 8-20　Properties 对话框

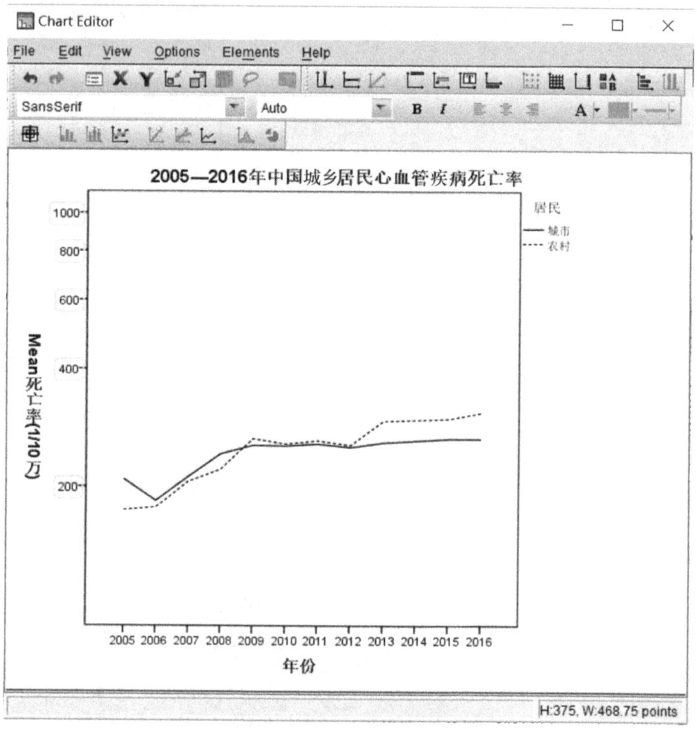

图 8-21　复式半对数线图

第四节　直　方　图

直方图（histogram）用于描述连续性资料的分布类型，以及一组数据的集中趋势和离散趋势。以相连直条面积的大小表示每组频数或频率的多少。

一、利用原始数据绘制

例 8-7　调查某地 110 名普通居民血镉含量（μg/dl），数据见表 8-5，用统计图描绘居民血镉含量的频数分布情况。

表 8-5　某地 110 名普通居民血镉含量（μg/dl）

0.31	0.33	0.27	0.36	0.94	0.20	0.21	0.23	0.21	0.06
0.45	0.22	0.18	0.25	0.38	0.21	0.16	0.15	0.11	0.25
0.23	0.11	0.07	0.31	0.18	0.05	0.28	0.14	0.12	0.10
0.25	0.89	0.50	0.14	0.20	0.16	0.18	0.17	0.23	0.18
0.18	0.21	0.39	0.17	0.24	0.30	0.11	0.21	0.12	0.11
0.28	0.18	0.23	0.15	0.19	0.32	0.15	0.24	0.21	0.26
0.20	0.31	0.10	0.08	0.19	0.15	0.50	0.28	0.23	0.24
0.28	0.13	0.06	0.30	0.18	0.25	0.70	0.09	0.15	0.15
0.29	0.20	0.28	0.04	0.65	0.17	0.25	0.22	0.22	0.29
0.11	0.13	0.24	0.20	0.29	0.09	0.30	0.34	0.38	0.18
0.18	0.13	0.22	0.45	0.15	0.19	0.35	0.42	0.12	0.14

问题 8-7

1. 该资料属于何种性质资料？
2. 应选择哪种图形描述血镉含量的频数分布情况？
3. 通过 SPSS 软件什么过程来实现？

【分析】

1. 该资料属于连续性资料。
2. 可选择直方图。
3. 可通过“Graphs”功能中的“Histogram”过程来实现。

【操作步骤】

1. 打开数据库文件“某地 110 名普通居民血镉含量分布资料.sav”（图 8-22）。

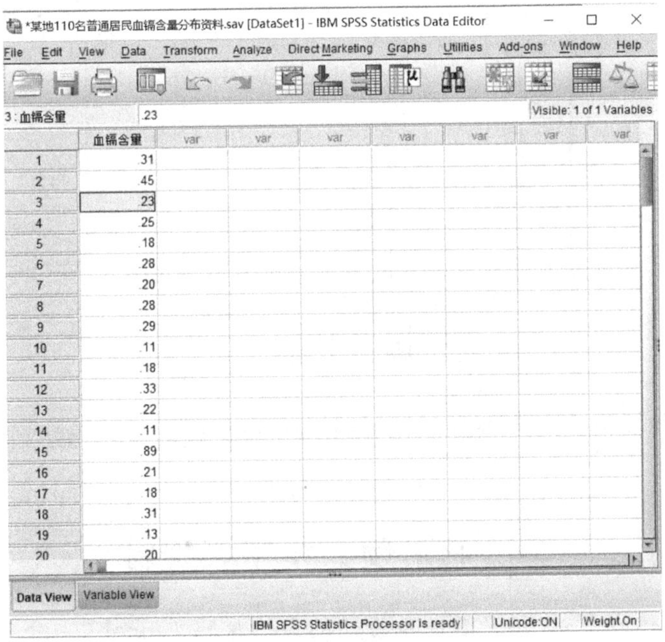

图 8-22　建立数据文件

2. 单击命令“Graphs”→“Legacy Dialogs”→“Histogram”，弹出“Histogram”对话框。按下鼠标左键将“血镉含量”拖至“Variable”对话框中，单击“OK”。必要时激活“Titles”输入标题（图 8-23）。需要编辑图形时双击图形，根据需要进行修改（图 8-24）。

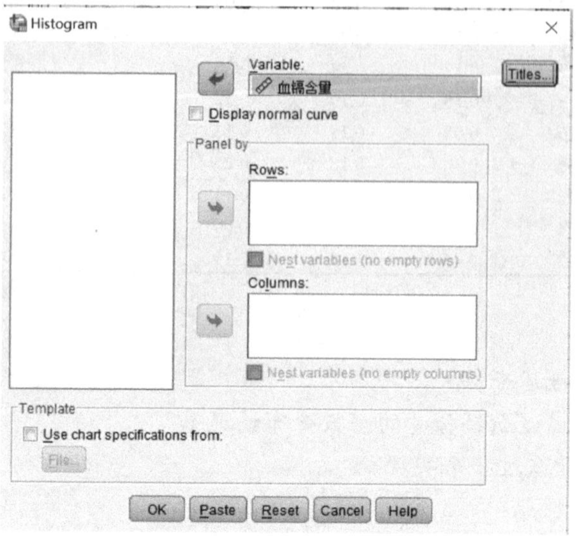

图 8-23　Histogram 对话框

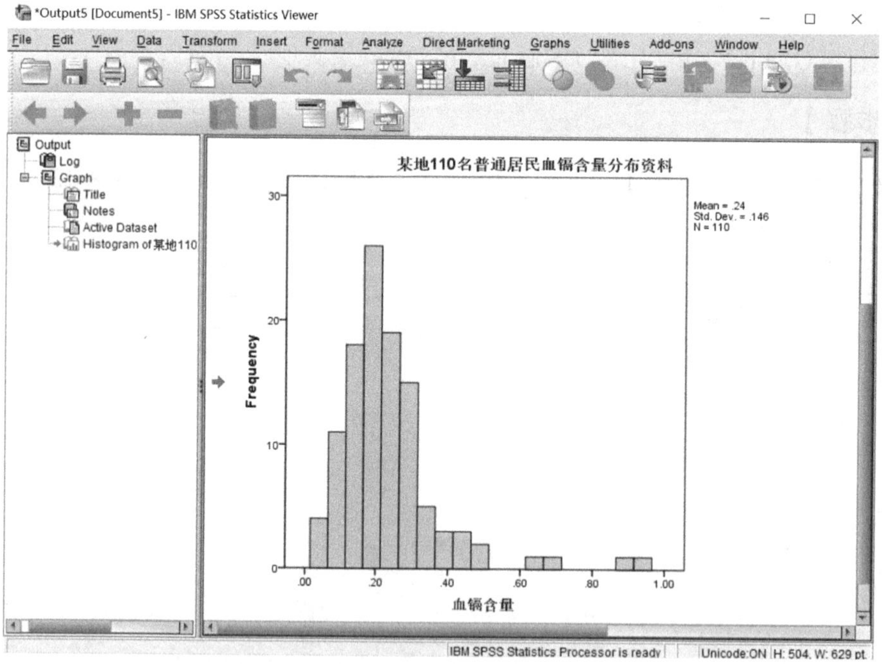

图 8-24　直方图

二、利用频数分布表绘制

例 8-8　某健康体检中心 100 名成年男子的血清尿酸（μmol/L）分布资料，具体数据见表 8-6。

表 8-6 某健康体检中心 100 名成年男子的血清尿酸（μmol/L）

326	170	342	310	412	328	263	356	364	471
210	323	315	195	265	377	276	245	350	296
348	297	249	238	351	231	274	286	251	273
205	272	436	384	434	412	325	356	518	281
230	504	322	431	350	356	362	306	422	239
411	303	401	250	303	399	341	247	341	293
159	291	211	293	301	332	294	343	373	303
323	294	474	430	267	208	254	387	230	371
432	478	329	305	268	445	220	273	313	194
201	301	210	320	457	381	269	326	369	289

问题 8-8

1. 该资料属于何种性质资料？
2. 应选择哪种图形描述血清尿酸分布？
3. 通过 SPSS 软件什么过程来实现？

【分析】

1. 该资料属于连续性资料。
2. 可选择直方图。
3. 可通过 Graphs 功能中的 Histogram 过程来实现。

【操作步骤】

1. 在 SPSS 运行条件下，建立数据库文件“某健康体检中心 100 名成年男子的血清尿酸分布资料.sav”（图 8-25）。

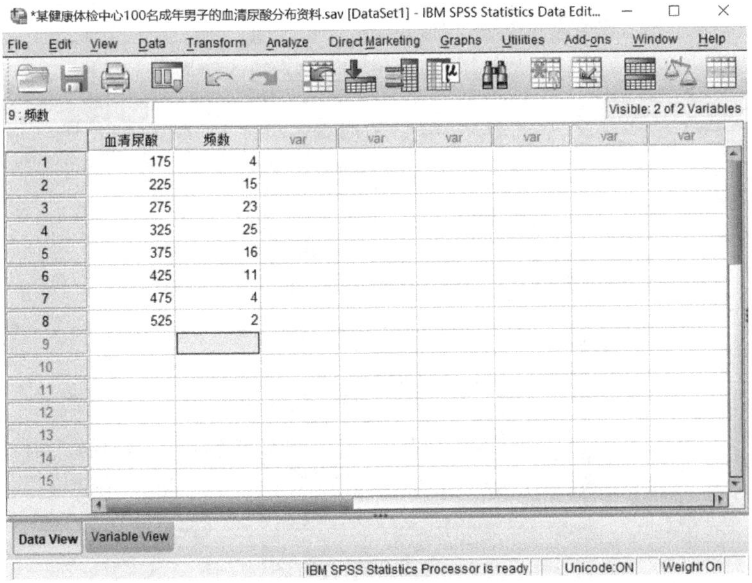

图 8-25 建立数据文件

2. 对人数进行加权：“Data”→“Weight Cases”，弹出“Weight Cases”对话框。激活“Weight cases by”，将“频数”变量导入“Frequency Variable”中，单击“OK”。

3. 单击命令“Graphs”→“Legacy Dialogs”→“Histogram”，弹出“Histogram”对话框。按下鼠标左键选择“血清尿酸”将其拖至“Variable”对话框中，单击“OK”。必要时激活“Titles”输入标题（图 8-26）。

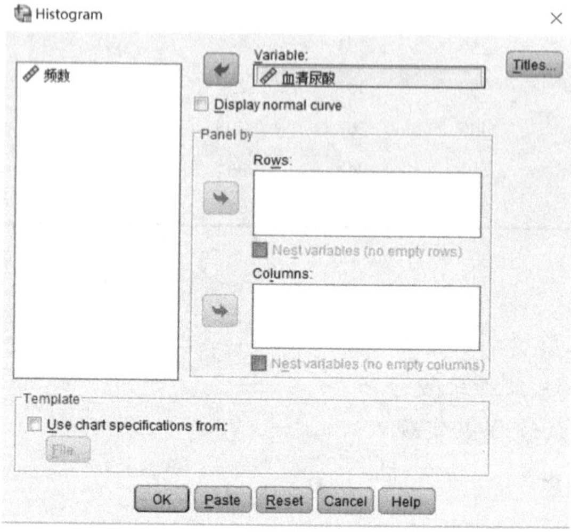

图 8-26　Histogram 对话框

4. 需要编辑图形时双击图形，弹出“Chart Editor”对话框。如双击图形 X 轴，选择“Scale”，修改“Range”中“Minimum”、“Maximum”及“Major Increment”等选项，使图形更符合需要（图 8-27）。

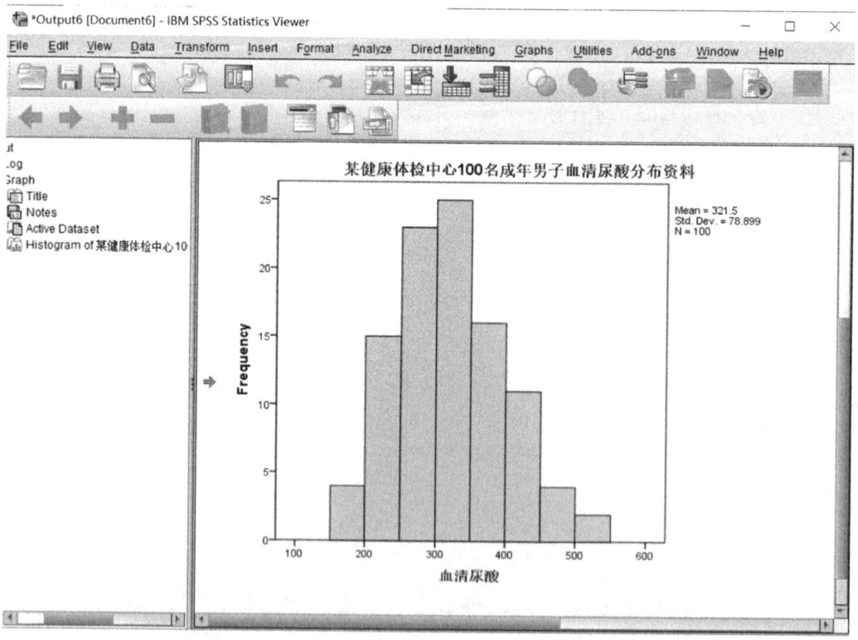

图 8-27　直方图

第五节 散 点 图

散点图（scatter diagram）适用于连续性成对数据资料。用点的密集程度和趋势描述两个变量之间的关系。

例 8-9 利用例 2-1 已建立的心肌梗死患者与对照组资料，试用统计图描述收缩压和舒张压的关系。

问题 8-9

1. 该资料属于何种性质资料？
2. 可选择哪种图形描述收缩压和舒张压的关系？
3. 通过 SPSS 软件什么过程来实现？

【分析】

1. 该资料属于双变量型连续性资料。
2. 可选择散点图。
3. 通过“Graphs”功能中的“Scatterplot”过程来实现。

【操作步骤】

1. 打开数据库文件“例 2-1 数据.sav”。

2. 单击命令“Graphs”→“Legacy Dialogs”→“Scatter/Dot”，弹出“Scatter/Dot”对话框，默认“Simple Scatter”单击“Define”，弹出“Simple Scatterplot”对话框。按下鼠标左键选择“舒张压”将其拖至“Y Axis”对话框中，选择“收缩压”将其拖至“X Axis”对话框中，单击“OK”按钮（图 8-28）。必要时激活“Titles”输入标题，需要编辑图形时双击图形，弹出编辑对话框，修改方法同前（图 8-29）。

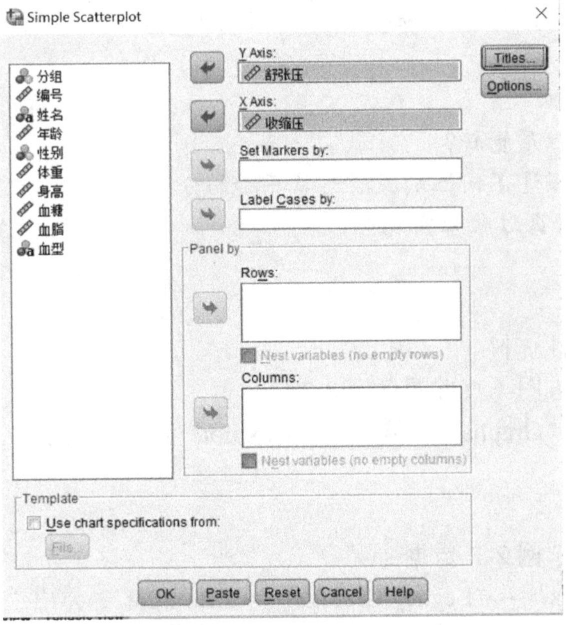

图 8-28 Simple Scatterplot 对话框

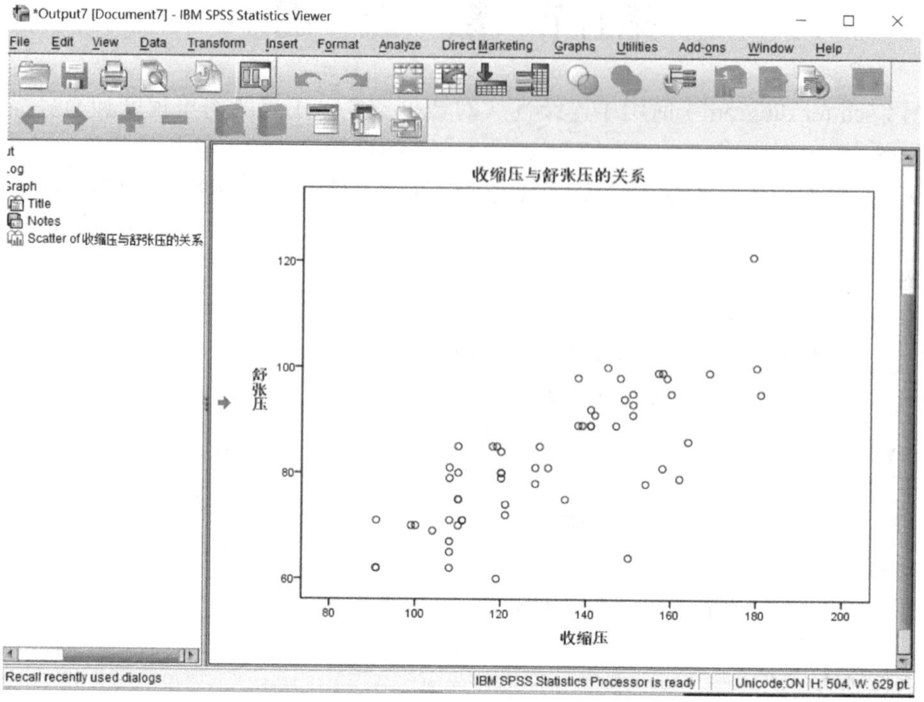

图 8-29 散点图

第六节 箱 图

箱图（box-whisker plot）用于比较两组或多组资料的分布情况。矩形（箱子）越长表示数据波动范围越大，反之波动范围越小。中间的横线偏上或偏下，表示数据分布为偏态分布。

例 8-10 利用例 2-1 已建立的心肌梗死患者与对照组资料，绘制不同性别观察对象年龄的分布图。

问题 8-10

1. 该资料属于何种性质资料？
2. 可选择哪种图形描述不同性别观察对象年龄的分布？
3. 通过 SPSS 软件什么过程来实现？

【分析】

1. 该资料属于连续性资料。
2. 可选择箱图或直方图（直方图见例 8-7）。
3. 选择箱图可通过“Graphs”功能中的“Boxplot”过程来实现。

【操作步骤】

1. 打开数据库文件“例 2-1 数据.sav”。

2. 单击命令“Graphs”→“Legacy Dialogs”→“Boxplot”，弹出“Boxplot”对话框。“Data in Chart Are”默认“Summaries for Groups of Cases”→“Define”，弹出“Define Simple Boxplot”对话框。按下鼠标左键选择“年龄”将其拖至“Variable”对话框中，将“性别”导入“Category

Axis"对话框中，单击"OK"(图 8-30)。

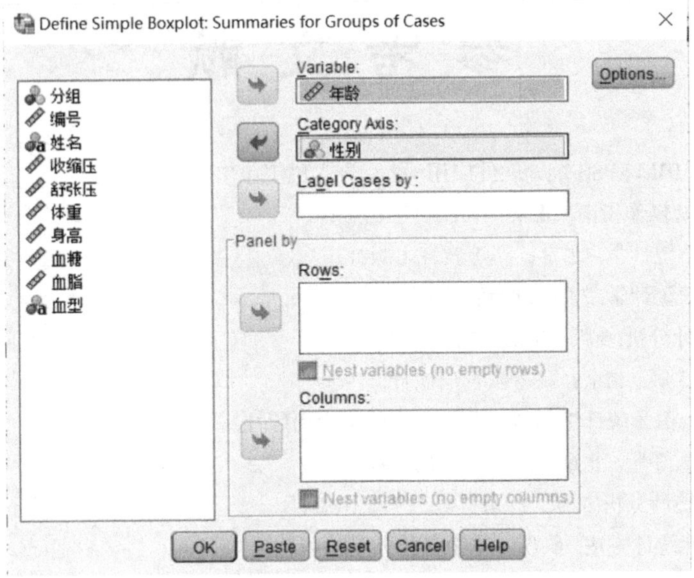

图 8-30 Define Simple Boxplot 对话框

3. 需要编辑图形时双击图形，弹出"Chart Editor"对话框，操作同前(图 8-31)。

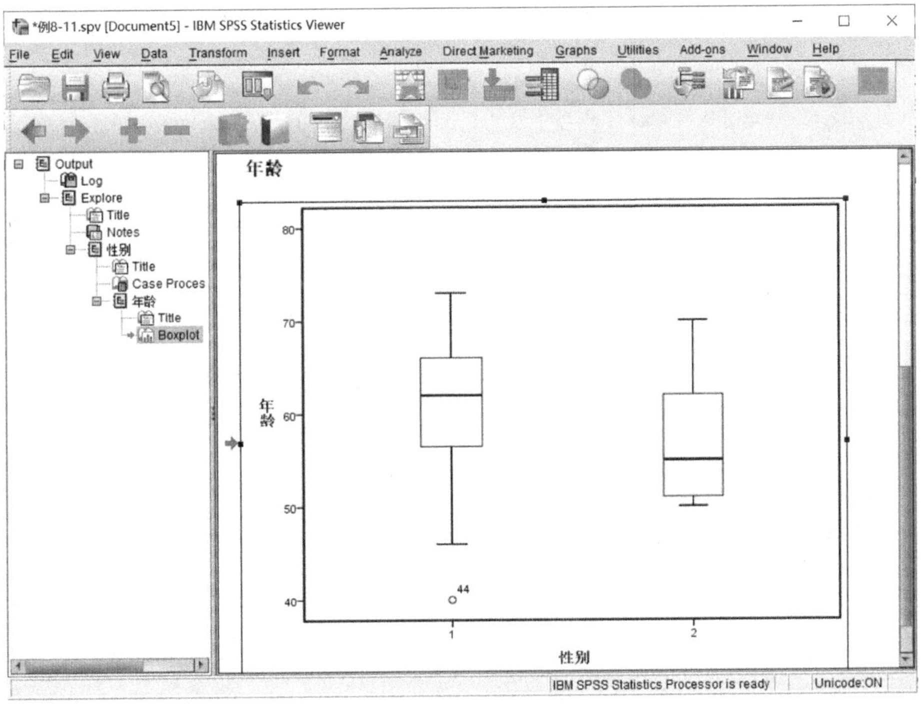

图 8-31 箱式图

(逯 雨 张 垚)

参考文献

陈平雁，安胜利. 2012. IBM SPSS 统计软件应用. 北京：人民卫生出版社.

郭怀兰. 2013. SPSS 简易操作指南. 北京：人民卫生出版社.

贺佳，尹平. 2012. 医学统计学. 北京：高等教育出版社.

李康，贺佳. 2019. 医学统计学. 7 版. 北京：人民卫生出版社.

卢纹岱. 2015. SPSS 统计分析. 5 版. 北京：电子工业出版社.

施榕. 2016. 预防医学. 3 版. 北京：高等教育出版社.

孙振球，徐勇勇. 2014. 医学统计学. 4 版. 北京：人民卫生出版社.

颜虹. 2015. 医学统计学. 3 版. 北京：人民卫生出版社.

宇传华. 2014. SPSS 与统计分析. 2 版. 北京：电子工业出版社.

张家放. 2002. 医用多元统计方法. 武汉：华中科技大学出版社.

张文彤. 2017. SPSS 统计分析基础教程. 3 版. 北京：高等教育出版社.